Die Kritik der Religion

Der Kampf für das Diesseits der Wahrheit

Franz J. Hinkelammert · Urs Eigenmann
Kuno Füssel · Michael Ramminger

Die Kritik der Religion

Der Kampf für das Diesseits der Wahrheit

Franz J. Hinkelammert · Urs Eigenmann
Kuno Füssel · Michael Ramminger

Edition ITP-Kompass, Bd. 21
Münster 2017

Bibliographische Information der Deutschen Bibliothek: Die Deutsche Nationalbibliothek verzeichnet diese Publikation in der Deutschen Nationalbibliographie; detaillierte bibliographische Daten sind im Internet über <http://dnb.dnb.de> abrufbar.

Die Kritik der Religion
Der Kampf für das Diesseits der Wahrheit

Franz J. Hinkelammert · Urs Eigenmann
Kuno Füssel · Michael Ramminger

Satz und Layout: Michael Ramminger
Umschlaggestaltung: Michael Ramminger
Umschlagbild: Paul Klee, Angelus Novus (1920)

Münster 2017

Druck: Books on Demand GmbH, Norderstedt
ISBN: 978-3-9816982-4-4

ὅτι οὐκ ἔστιν ἡμῖν ἡ πάλη πρὸς αἷμα καὶ σάρκα ἀλλὰ πρὸς τὰς ἀρχάς, πρὸς τὰς ἐξουσίας, πρὸς τοὺς κοσμοκράτορας τοῦ σκότους τούτου, πρὸς τὰ πνευματικὰ τῆς πονηρίας ἐν τοῖς ἐπουρανίοις.

1. Interlineare Übersetzung:

Denn nicht ist uns der Kampf gegen Blut und Fleisch, sondern gegen die Mächte, gegen die Gewalten, gegen die Gewaltherrscher dieser Finsternis, gegen die Geister der Bosheit in den himmlischen Bereichen

2. Die neue Luther-Übersetzung schreibt (2016):

Denn wir haben nicht mit Fleisch und Blut zu kämpfen, sondern mit Mächtigen und Gewaltigen, mit den Herren der Welt, die über diese Finsternis herrschen, mit den bösen Geistern unter den Himmeln

3. Die neue Einheitsübersetzung schreibt (2016):

Denn wir haben nicht gegen Menschen aus Fleisch und Blut zu kämpfen, sondern gegen die Mächte und Gewalten, gegen die Weltherrscher dieser Finsternis, gegen die bösen Geister in den himmlischen Bereichen.

Inhalt

Vorwort

„Die Kritik der Religion. Der Kampf für das Diesseits der Wahrheit" zeigt das doppelte Anliegen der hier versammelten Beiträge an. Natürlich geht es zunächst einmal um Religionskritik, d.h. um die Kritik an den Religionen und insbesondere am Christentum. Und auch wenn sich vieles dieser Kritik aus linken, d.h. aus marxistischen Quellen speist, so sollten die LeserInnen doch nicht dem Irrtum verfallen, dass es sich hier um Kritiken ad extra handelt. Vielmehr sind die Autoren in ihrer Kritik durchweg von ihren eigenen Quellen inspiriert. Insbesondere der Beitrag von Urs Eigenmann setzt dies als These seinem Beitrag voran: „Jesus verkündete weder sich selbst noch einen abstrakten Gott, sondern das Reich Gottes. Dieses ist – wie Leonhard Ragaz festgestellt hat – nicht nur das Zentrum von Botschaft und Praxis Jesu, sondern das Thema der ganzen Bibel. Ragaz spricht vom ‚[...] Reich Gottes und seiner Gerechtigkeit für die Erde.' Dieses ‚für die Erde' betont er; denn das Reich Gottes hat [...] nichts mit dem Jenseits zu tun, sondern heißt einfach: Reich Gottes, und zwar für die Erde."

Das mag unter den ChristInnen diejenigen erstaunen, die sich nie ernsthaft mit den biblischen Texten, der Reich-Gottes-Botschaft und dem Messianismus beschäftigt haben. Das mag aber auch die erstaunen, die ihr – moralisches – Urteil über das Christentum längst gefällt haben. Dagegen setzen die hier versammelten Autoren ihr doppeltes Votum: 1. So einfach ist es nicht mit der Be- und Verurteilung der Religionen und 2. gibt es einen fruchtbaren Konvergenzpunkt christlicher und marxistischer Religionskritik.

Religionen sind nicht einfach regressiver, reaktionärer Vergemeinschaftungsmodus im Gegenüber einer aufgeklärten, modernen Welt. Sie sind vielmehr komplexe Systeme, deren Strukturen und Funktionen genauestens kontextualisiert, definiert und beschrieben werden müssen: Was ist Religion im Unterschied zum Mythos, zur Ideologie? Ohne sich dieser denkerischen Anstrengung zu unterziehen, bleibt wohl nur ressentimentbeladenes, assoziatives Urteil, wie Kuno Füssel in seinem Beitrag nachweist.

Insbesondere Karl Marx hatte sich dieser Einsicht gestellt. Auch wenn er mit dem Christentum, oder besser mit den Kirchen, nicht viel anfangen konnte, bzw. davon überzeugt war, dass sie eigentlich erledigt sind, wusste er doch um die Notwendigkeit von weitergehender Religionskritik, die wir in vielen seiner Schriften, natürlich insbesondere in seiner Fetisch- und Warenkritik finden. „Jene Kritik am Kapitalismus als Religion durchzieht die gesamte Ideologiekritik von Marx, eben deshalb, weil für Marx alle Religionskritik sich zugleich als Ideologiekritik versteht." Franz Hinkelammert zeichnet deshalb die Linie einer spezifischen unterdrückerischen Beerbung des Christentums bis in die aktuelle Situation nach: „Die Annullierung unbezahlbarer Schulden: Sie gehört zu den Hauptprinzipien der Lehre Jesu und wird im Vaterunser ausgesprochen. Klar ist, dass die gesetzliche Regelung der Schuldentilgung das Eintreiben der Schulden bedenkenlos legitimiert. Mit ihrer Hilfe können Schulden in Massenvernichtungswaffen umgewandelt werden, also in Hilfsmittel zur Ausführung des Geschwistermordes. In diesem Sinne hat der deutsche Finanzminister, der einer sich als christlich bezeichnenden Partei angehört, das Gesetz angewendet, als er Griechenland dazu verurteilte, trotz drohenden Zusammenbruchs eine unbezahlbare Schuld zu tilgen."

Deshalb die Doppelsinnigkeit des Titels: Neben der notwendigen Religionskritik gibt es auch, hier für das Christentum nachgezeichnet, eine Kritik der Religionen am Zustand der Welt, konkreter: eine Religionskritik des Christentums an der Verhimmelung der Welt. Für uns liegt hier der Konvergenzpunkt linker und christlicher Religionskritik. Vielleicht kann man das als das gemeinsame Anliegen der hier versammelten Autoren beschreiben: das kritische Potential des Christentums an der Verhimmelung der Welt aufzuzeigen. Von der Kritik des Himmels zur Kritik der Erde überzugehen heißt heute (natürlich unter Rückgriff auf Walter Benjamin) auf die Religion des Kapitalismus in Zeiten der Globalisierung aufmerksam zu machen. „Der Kapitalismus als Religion vollendet das Verhängnis der Neuzeit und erweist sich als die inverse Größe zum jesuanischen Liebesgebot ... (Er spielt, M.R.) als Religion die Rolle, die der Fundamentalismus in den alten Religionen spielt", schreibt Kuno Füssel in seinem Beitrag. Unser Appell ist es deshalb, auch die Religionskritik der Religion aufzubieten, um mit der Unterscheidung von „fetischisierter Transzendentalität und vermenschlichter Transzendentalität" (Franz Hinkelammert) voranzukommen.

Der Band wird von einer in gewissem Sinne praktisch-theologischen Überlegung unter dem Titel „Gott.Macht.Sprache" abgeschlossen. Wie und wo kann denn von einem solchen befreienden, die Wirklichkeit offenbarenden Gott, von einem solchen Christentumsverständnis gesprochen werden? Dieser Text, der im Kontext unserer Bemühungen um die Erinnerung an das II. Vatikanische Konzil und die Erneuerung eines befreienden Christentums entstanden ist, versteht sich als ein kleiner Wegweiser im Jungel der Verblendungen und Verwirrungen, für die es zuhauf Belege gibt: Erinnert sei nur an die unsäglichen Begriffsbildungen und Metaphern bei der Diskussion über das Phänomen der Massenflucht der Menschen aus Todesgebieten, wobei das Wort „Obergrenze" die „Untergrenze" der Humanität bildet. In der messianischen Tradition dagegen geht es um die gesellschaftskritische Kraft der Jesus-Erinnerung, um Sehnsucht nach universaler Gerechtigkeit für Lebende und Tote, um Hoffnung auf vorbehaltlose Liebe, um Empörung über die bestehenden Verhältnisse, um begründeten Veränderungswillen, um die Kraft zur Revolution. Es geht eben, wie oben schon erwähnt, um die Unterscheidung von „fetischisierter und vermenschlichter Transzendentalität".

Michael Ramminger

Gründungsmythos Brudermord

oder warum Religionskritik unentbehrliche Voraussetzung für Ideologiekritik ist

Franz J. Hinkelammert

Religionskritik und Ideologiekritik

Karl Marx erarbeitet nicht zuerst seine Religionskritik, um danach zur Ideologiekritik überzugehen. Marx verfasst vielmehr gleich zu Beginn seine erste Religionskritik als Kritik am Kapitalismus als Religion. Darin folgt ihm später Walter Benjamin.

Jene Religion, die der Kapitalismus darstellt, beschreibt und kritisiert Marx in seiner Fetischismustheorie. Das Kapitel im ersten Band des „Kapital", das sich mit dem Fetischismus befasst, gibt jedoch nur einen kleinen Teil dessen wieder, was die Fetischismustheorie des „Kapitals" insgesamt ausmacht. Diese Theorie durchzieht alle Bände des „Kapital" und andere Schriften von Karl Marx. Darauf habe ich bereits in meinem ersten Buch „Die ideologischen Waffen des Todes"[1] aufmerksam gemacht. Jene Kritik am Kapitalismus als Religion durchzieht die gesamte Ideologiekritik von Marx, eben deshalb, weil für Marx alle Religionskritik sich zugleich als Ideologiekritik versteht.

„Der Waren-Gott ist der wahre Gott"[2]. Dieser wahre Gott, der Gott „Markt", ist zugleich der Gott „Geld". Die hier zitierten Autoren bekennen sich ganz offen zu ihm. Das ist jedoch nicht die Regel. Die Regel vielmehr gebietet, diesen Glauben zu leben, ohne sich zu ihm zu bekennen. Auch wenn man Kuckuckseier verbreitet, versteckt man darin doch die Religion. Walter Benjamin übernahm die Marx'sche Kritik und gab der Religionskritik wieder ihren Platz in der Ideologiekritik zurück. Ähnlich agierte Rosa Luxemburg. Sie verknüpfte die Religionskri-

---

1 Die ideologischen Waffen des Todes. Zur Metaphysik des Kapitalismus, Fribourg / Münster 1984. Org.: Las Armas Ideológicas de la Muerte, San José / Costa Rica 1981.

2 Norbert Bolz u. David Bosshart, Kult-Marketing. Die neuen Götter des Marktes. Düsseldorf 1995, 248.

tik beharrlich mit der Ideologiekritik. Das wird an ihren Artikeln über das Christentum offensichtlich. Diese beiden Autoren sind jedoch bedauerlicherweise nur die Ausnahme geblieben.

Althusser dagegen behauptete, dass die Fetischismustheorie eine Ideologie sei. In Wahrheit ist sie das jedoch gerade nicht, sondern indem sie Religionskritik ist, ist sie zugleich Ideologiekritik und folglich zentraler Bestandteil der Kapitalismuskritik. Eben dieser Zusammenhang wird heutzutage unübersehbar. Wir haben es im Kapitalismus mit einem Glauben zu tun.

Daraus folgt, dass die Fetischismuskritik zugleich Götzenkritik ist. Als Götzenkritik greift sie die Religionskritik des frühen Marx auf. Als Götzenkritik ist sie Kritik an den falschen Göttern. Aber sie beruft sich dafür nicht auf irgendeinen „wahren Gott". Sie kritisiert die falschen Götter vielmehr ausgehend von der These, dass der Mensch das höchste Wesen für den Menschen ist. Auf der Grundlage dieses Kriteriums wird jeder Gott zum falschen Gott, der nicht zulässt, dass der Mensch das höchste Wesen für den Menschen ist. Ein Gott dagegen, der dieses Kriterium akzeptiert, ist weder ein falscher Gott noch ein Fetisch. Marx führt dieses Argument nicht näher aus, weil er davon überzeugt ist, dass die Religion ausstirbt, sobald sie die These übernimmt, dass der Mensch das höchste Wesen für den Menschen ist. Daran wird deutlich, dass die Religionskritik von Karl Marx zwar die falschen Götter kritisiert, aber ihrer eigenen Logik entsprechend keineswegs von irgendeinem dogmatischen Atheismus bestimmt ist. Wenn Marx vom Atheismus redet, spricht er von ihm im Sinne einer Hypothese. Deshalb haben wir es bei Marx niemals mit einem aggressiven Atheismus zu tun. Überraschenderweise kann man nun zu der Schlussfolgerung kommen, dass die Position, die der gegenwärtige Papst in seinem Apostolischen Schreiben „Evangelii gaudium" formuliert, mit der Religionskritik von Marx sogar kompatibel ist. Selbst wenn der Papst nicht die gleichen Worte wie Marx verwendet, behauptet auch er, dass der Mensch das höchste Wesen für den Menschen ist.

1. Religionskritik in der jüdischen Tradition: Der Brudermord

In der jüdischen Tradition ist der Gründungsmord ein Brudermord (Kain tötet Abel). Wenn man jedoch bedenkt, dass alle Menschen Geschwister sind, wird durch die jüdische Tradition ein Gründungsmythos von universaler Bedeutung formuliert. Hier wird der Konflikt zwischen Kain, dem Gründer von Städten und Zivilisationen, und Abel, dem Angehörigen eines Nomadenstammes in der Wüste, dargestellt. Kain opfert Früchte, Abel Tierfleisch.

Indem Gott das Opfer des Abel bevorzugt, trifft er eine Option für die einfachere, aber dem Menschen gemäßere Kultur. Er trifft die Option für den armen, den bedrohten, den verfolgten Menschen. Kains Kultur dagegen, die Kultur von Städten und Zivilisationen, gründet auf einem Brudermord. In der Geschichte von Kain und Abel wird nicht ein gelegentlicher, vereinzelter Mord geschildert, sondern ein gesellschaftlich-institutionalisierter Mord. Es geht um Ausbeutung.

In der jüdischen Bibel ist die ursprüngliche Sünde der Mord, den ein Mensch an seinem Bruder begeht. Das, was Adam und Eva begehen, als sie von der Frucht des verbotenen Baumes essen, wird im biblischen Text nicht ein einziges Mal als Sünde bezeichnet, die Tat des Kain dagegen wohl. Der Text in Gen 4,4b-16 lautet:

Der Herr schaute auf Abel und sein Opfer,
5 *aber auf Kain und sein Opfer schaute er nicht. Da überlief es Kain ganz heiß und*
sein Blick senkte sich.
6 *Der Herr sprach zu Kain: Warum überläuft es dich heiß und warum senkt sich dein*
Blick?
7 *Nicht wahr, wenn du recht tust, darfst du aufblicken; wenn du nicht recht tust,*
lauert an der Tür die Sünde als Dämon. Auf dich hat er es abgesehen, / doch du
werde Herr über ihn!
8 *Hierauf sagte Kain zu seinem Bruder Abel: Gehen wir aufs Feld! Als sie auf dem*
Feld waren, griff Kain seinen Bruder Abel an und erschlug ihn.
9 *Da sprach der Herr zu Kain: Wo ist dein Bruder Abel? Er entgegnete: Ich weiß es*

nicht. Bin ich der Hüter meines Bruders?
***10** Der Herr sprach: Was hast du getan? Das Blut deines Bruders schreit zu mir vom*
Ackerboden.
***11** So bist du verflucht, verbannt vom Ackerboden, der seinen Mund aufgesperrt hat,*
um aus deiner Hand das Blut deines Bruders aufzunehmen.
***12** Wenn du den Ackerboden bestellst, wird er dir keinen Ertrag mehr bringen. Rastlos*
und ruhelos wirst du auf der Erde sein.
***13** Kain antwortete dem Herrn: Zu groß ist meine Schuld, als dass ich sie tragen*
könnte.
***14** Du hast mich heute vom Ackerland verjagt und ich muss mich vor deinem Angesicht*
verbergen; rastlos und ruhelos werde ich auf der Erde sein und wer mich findet, wird
mich erschlagen.
***15** Der Herr aber sprach zu ihm: Darum soll jeder, der Kain erschlägt, siebenfacher*
Rache verfallen. Darauf machte der Herr dem Kain ein Zeichen, damit ihn keiner
erschlage, der ihn finde.
***16** Dann ging Kain vom Herrn weg und ließ sich im Land Nod nieder, östlich von Eden.*

Auf diese Weise wird eine Sünde konstituiert – das heißt ein Verbrechen –, ohne dass es zuvor ein Gesetz gegeben hätte. Als Kain seinen Bruder umbringt, existiert noch kein Gesetz. Und wenn Gott Kain als Verbrecher und Mörder betrachtet, ist die Grundlage dafür nicht die Verletzung irgendeines Gesetzes. Der Gott, von dem in dieser Geschichte die Rede ist, beansprucht keine Anerkennung seiner Autorität als eines Gesetzgebers, der wegen der Verletzung eines Gesetzes eine Strafe erlässt. Der Mord ist ein Verbrechen, selbst wenn kein Gesetz ihn verbietet. Eben das berücksichtigt Gott. Er verflucht Kain, aber er fällt kein Gerichtsurteil: „Rastlos und ruhelos wirst du auf der Erde sein“. Später wird ein Gesetzestext dekretieren: Wer einen Mord begeht, erhält die Höchststrafe, das heißt, er wird getötet, weil er ein Gesetz verletzt hat, das den Mord verbietet. Das ist hier in der Bibel nicht der Fall. Kain hat kein Gesetz verletzt, weil es noch gar kein Gesetz gab, das den Mord hätte verbieten können. Aber Kain beging ein Verbrechen und wird deshalb zu einem ruhelos herumirrenden Vagabunden ohne festen Wohnsitz. Wer jedoch Kain tötet, der wird siebenfach von Gott bestraft. Zur Warnung für jedermann macht Gott darum dem Kain ein Zeichen. Auf diese Weise macht Gott den Brudermord zum Gründungsmord, aus dem die Verpflichtung erwächst, ein entsprechendes Gesetz zu verkünden.

Das Verbrechen, das Kain begeht, unterscheidet sich erheblich von der Tat, die Adam und Eva begehen, als sie die Anordnung Gottes verletzen, nicht vom verbotenen Baum zu essen. Eine Vorschrift ist kein Gesetz, und deren Verletzung kein Verbrechen. Deshalb ist im Text selbst auch nicht von der Sünde die Rede. Der biblische Text erkennt die Ur-Sünde des Menschen in der Mordtat des Kain. Vom verbotenen Baum zu essen, wird nicht als Sünde bezeichnet, sondern hat die Vertreibung aus dem Paradies zur Folge. Das ist keine Bestrafung, sondern die Konsequenz einer Tat. Wenn man so will, könnte man sagen: Die Vertreibung aus dem Paradies hat ihren Grund in der Einsicht, nicht in einem Paradies zu leben. In diesem Sinne könnte man die Vertreibung sogar als Befreiung von einer Illusion bezeichnen. So jedenfalls deutet Hegel die Geschichte, wenn er behauptet „Das Paradies ist ein Park, wo nur die Tiere und nicht die Menschen bleiben können.“[3] Im biblischen Text wird die Ur-Sünde folgendermaßen beschrieben:

> ***6*** *Der Herr sprach zu Kain: Warum überläuft es dich heiß und warum senkt sich dein Blick?*
> ***7*** *Nicht wahr, wenn du recht tust, darfst du aufblicken; wenn du nicht recht tust, lauert an der Tür die Sünde als Dämon. Auf dich hat er es abgesehen / doch du werde Herr über ihn!*
> ***8*** *Hierauf sagte Kain zu seinem Bruder Abel: Gehen wir aufs Feld! Als sie auf dem Feld waren, griff Kain seinen Bruder Abel an und erschlug ihn.*
> *(Gen 4,6-8)*

Der Gründungsmord der jüdischen Tradition ist also kein Vatermord. Der Vatermord wird in anderen Gesellschaften zum Gründungsmord. Und für die jüdische Tradition wird auch der Vatermord erst in

---

3 Georg Wilhelm Friedrich Hegel, Vorlesungen über die Philosophie der Geschichte, gehalten 1822-1831, hier: Leipzig 1924, Kap 36.

späteren Phasen zu einem Problem, das jedoch keinen Gründungs-charakter besitzt. Er hat keine solch entscheidende Bedeutung wie die Geschichte von Kain und Abel. Diese ist der Gründungsmythos für die jüdische Tradition.

2. Freud´s Religionskritik am Judentum

Im Folgenden zitiere ich einige Aussagen von Sigmund Freud, in denen er sich auf die Gründung und die Geschichte des Christentums bezieht:

> *Beachtenswert ist, in welcher Weise die neue Religion sich mit der alten Ambivalemz im Vaterverhältnis auseinandersetzte. Ihr Hauptinhalt war zwar die Versöhnung mit Gottvater, die Sühne des an ihm begangenen Verbrechens, aber die andere Seite der Gefühlsbeziehung zeigte sich darin, dass der Sohn, der die Sühne auf sich genommen, selbst Gott wurde neben dem Vater und eigentlich an Stelle des Vaters. Aus einer Vaterreligion hervorgegangen, wurde das Christentum eine Sohnesreligion. Dem Verhängnis, den Vater beseitigen zu müssen, ist es nicht entgangen.*[4] *[…]*
> *Nur ein Teil des jüdischen Volkes nahm die neue Lehre an. Jene, die sich dessen verweigerten, heißen noch heute Juden. Sie sind durch diese Scheidung noch schärfer von den anderen abgesondert als vorher. Sie mussten von der neuen Religionsgemeinschaft, die außer Juden, Ägypter, Griechen, Syrer, Römer und endlich auch Germanen aufgenommen hat, den Vorwurf hören, dass sie Gott ermordet haben. Unverkürzt würde dieser Vorwurf lauten: Sie wollen es nicht wahrhaben, dass sie Gott gemordet haben, während wir es zugeben und von dieser Schuld gereinigt worden sind.*[5] *[…]*
> *Man sieht dann leicht ein, wie viel Wahrheit hinter diesem Vorwurf steckt. Warum es den Juden unmöglich gewesen ist, den Fortschritt mitzumachen, den das Bekenntnis zum Gottesmord bei aller Entstellung enthielt, wäre Gegenstand einer besonderen Untersuchung. Sie haben damit gewissermaßen eine tragische Schuld auf sich geladen; man hat sie dafür schwer büßen lassen.*[6]

---

[4] Sigmund Freud, Der Mann Moses und die monotheistische Religion, Frankfurt am Main, 1975, 133.

[5] Ebd.

[6] Ebd.

Die hier erkennbare Denkweise Freuds halte ich für unglaublich tragisch. Die Texte stammen aus der 1939 publizierten Monographie „Der Mann Moses und die monotheistische Religion“, seinem letzten Buch. Die ausgewählten Zitate finden sich auf der letzten Seite dieses Buches. Seit 1938 lebt Freud praktisch im Asyl in London. Er konnte der Verfolgung durch die Nazis entkommen. Aber er ist unfähig, seine eigenen Verfolger zu kritisieren. Eine solche Kritik müsste ihn ja dazu veranlassen, auch seine eigene Psychologie zu kritisieren. Aber dazu ist er nicht bereit, möglicherweise auch nicht in der Lage. Hier gewinnt der Ödipus-Komplex in der Deutung von Freud ein erschreckendes Ausmaß.

Freud bietet dem Antisemitismus, unter dem er selbst leidet, eine – wenn auch mythische – Legitimation. Aber seine Argumentation ist korrekt, solange wir sie unter dem von Freud selbst erarbeiteten Kriterium betrachten. Darin bleibt Freud sich bewundernswert konsequent treu. Er unterschlägt nichts und spricht aus, was sich aus seinem Denken ergibt. Damit bleibt er der Wissenschaftsethik treu, die er in seinem ganzen Leben praktiziert hat. Wenn wir jedoch die angedeuteten Konsequenzen betrachten, können wir der schwerwiegenden Frage nicht ausweichen: Warum bringt ihn ein solches Fazit nicht dazu, seine eigene Theorie in Frage zu stellen?

Mehr noch: Hätte ein solches Fazit nicht eine seriöse Debatte unter allen Freudianern auslösen müssen? Nirgendwo habe ich dieses Problem auch nur erwähnt gefunden. Wie bereits gesagt, erscheint der Text an einem ganz besonderen Ort, nämlich auf der letzten Seite seines letzten Buches. Daraus muss man den Schluss ziehen, dass Freud selbst mit diesem Fazit einen Schlussstrich unter sein Denken zieht, eine Art Testament formuliert. In der Logik seines eigenen Denkens spricht Freud sich selbst das Urteil und gibt seinen Verfolgern Recht. Hier kann ich Freud überhaupt nicht mehr verstehen.

Der Gründungsmord für Freud ist offenkundig der Vatermord. Das ist für ihn Ausgangspunkt, von dem aus er das gesellschaftliche Über-Ich versteht. In seinem Aufsatz „Das Unbehagen in der Kultur“ greift er dafür auf zwei Beispiele zurück, auf sein eigenes Konstrukt des ursprünglichen Vatermordes durch die Ur-Horde und auf die Gestalt Jesu.

3. Gründungsmythos Vatermord: Freud's Religionskritik

Freud wählt einen anderen Gründungsmord als die jüdische Tradition. Für ihn ist es nicht der Brudermord, sondern der Vatermord. Diese These ist zu diskutieren, weil Freud die jüdische Tradition aus der Perspektive kritisiert, mit der er die gesamte menschliche Gesellschaft betrachtet, nämlich unter dem Aspekt eines Vatermordes, den alle Brüder gemeinsam begangen haben. Freud entwickelt diese These in seinem Buch „Totem und Tabu". Darin kreiert er einen Mythos, der den Vatermord als Grundlage der menschlichen Gesellschaft darstellt. Auf dieser Basis kritisiert er danach auch die gesamte jüdische Tradition. Freud konstruiert die Vorstellung von einer menschlichen Ur-Horde.

> *Im Jahre 1912 habe ich die Vermutung von Ch. Darwin aufgenommen, dass die Urform der menschlichen Gesellschaft die von einem starken Männchen unumschränkt beherrschte Horde war. Ich habe darzulegen versucht, dass die Schicksale dieser Horde unzerstörbare Spuren in der menschlichen Erbgeschichte hinterlassen haben, speziell, dass die Entwicklung des Totemismus, der die Anfänge von Religion, Sittlichkeit und sozialer Gliederung in sich fasst, mit der gewaltsamen Tötung des Oberhauptes und der Umwandlung der Vaterhorde in eine Brüdergemeinde zusammenhängt. Es ist dies zwar nur eine Hypothese wie so viele andere, mit denen die Prähistoriker das Dunkel der Urzeit aufzuhellen versuchen – eine »just-so story« nannte sie witzig ein nicht unliebenswürdiger englischer Kritiker –, aber ich meine, es ist ehrenvoll für eine solche Hypothese, wenn sie sich geeignet zeigt, Zusammenhang und Verständnis auf immer neuen Gebieten zu schaffen.*[7]

Die Urhorde wird von einem Vater beherrscht, der als legitimer Despot gilt. Dieser monopolisiert sogar die sexuellen Beziehungen. Gegen ihn erheben sich seine Söhne, bringen ihn um und verzehren ihn. Dieser kannibalische Akt weckt ihr Schuldgefühl. Sie empfinden Reue und entsagen allem, was sie erreichen wollten, insofern sie auch die Frauen freigeben, die sie durch ihr Handeln erobern wollten. Aus diesem Verhalten werden das Inzestverbot und die Exogamie hergeleitet, aber sie

[7] Sigmund Freud, Massenpsychologie und Ich-Analyse, 1921, Kapitel X, 1.

bleiben Gesetz des Vaters, weil sie aus dem Bußakt für den ursprünglichen Vatermord hervorgehen.

So entsteht die menschliche Gesellschaft und mit ihr das Gesetz im weitesten Sinne, also einschließlich der Gesetze zur Teilhabe am Sozialprodukt. In der Tat gilt auch für den Vatermord, dass durch ihn kein Gesetz verletzt wird aus dem einfachen Grund, dass es noch kein Gesetz gab. Das Gesetz entsteht erst aus dem Bußakt für das Verbrechen des Vatermordes. Das daraus resultierende Gesetz legitimiert Autorität, jetzt aber auf legalem Wege. Das Gesetz stützt die Autorität des – gesellschaftlichen und individuellen – Über-Ich. Das dahinter sich verbergende Vaterbild wird dann sogar auch bestimmend für das Gottesbild. Vatermord und Gottesmord gehören zusammen, zumindest nach Freuds These im Buch über Moses.

4. Noch einmal: Freuds Urteil über die Juden

Die voranstehende Interpretation beschreibt den kategorialen Rahmen, der nach Freud alle Wahrnehmung menschlicher bzw. gesellschaftlicher Realität bestimmt. Wir hatten zuvor festgestellt, dass die jüdische Tradition von Anfang an durch Kain den Brudermord als Gründungsmord betrachtet. Freud dagegen behauptet den Vatermord als Gründungsmord. Er behandelt den Brudermord nicht einmal, sondern erkennt überall den Vatermord.

Deshalb vermutet Freud auch, dass sich hinter den biblischen Szenen vom Paradies ein Vatermord verbirgt. Darüber hinaus glaubt er, auch bei Moses Indizien für den Vatermord entdecken zu können. In der Bibel lassen sich wirklich Stellen ausmachen, an denen auf einen Vatermord hingewiesen wird, ohne ausdrückliche Belege dafür anzubieten. Diese Indizien können jedoch nicht die Bedeutung des Brudermords als kategoriale Bestimmung aufheben. Obwohl es hier um ein Spezifikum der jüdischen Kultur geht, so dass sogar der Vatermord im Licht des Brudermordes gedeutet wird, hat Freud dafür keinen Blick und behandelt das Thema auch nicht. Freud sagt zum Antisemitismus:

> *Unverkürzt würde dieser Vorwurf lauten: Sie wollen es nicht wahrhaben, dass sie Gott gemordet haben, während wir es zugeben und von dieser Schuld gereinigt worden sind... Man sieht dann leicht ein, wie viel Wahrheit hinter diesem Vorwurf steckt. Warum es den Juden unmöglich gewesen ist, den Fortschritt mitzumachen, den das Bekenntnis zum Gottesmord bei aller Entstellung enthielt, wäre Gegenstand einer besonderen Untersuchung. Sie haben damit gewissermaßen eine tragische Schuld auf sich geladen; man hat sie dafür schwer büßen lassen.*[8]

Der Antisemitismus des XX. Jahrhunderts aber erhebt in Wahrheit den Vorwurf, dass die Juden den Brudermord in die Mitte rücken und von hier aus die gesamte menschliche Gesellschaft deuten. Das ist nicht nur aus der Sicht des Antisemitismus, sondern aus der Sicht der gesamten bürgerlichen Gesellschaft der Moderne die Schuld, die sie auf sich geladen haben. Und diese Sicht übernimmt Freud. Die Todsünde, die die bürgerliche Gesellschaft an den Juden rächt, besteht darin, den Brudermord zum Dreh- und Angelpunkt gesellschaftlicher Analyse zu machen. Denn mit dieser Analyse verbindet sich die Forderung nach einer anderen Gesellschaft, nach einer anderen Welt auf der Erde selbst.

5. Gründungsmythos Brudermord: jüdische Religionskritik

Freud erkennt nicht, dass es der Brudermord ist, der das jüdische Weltverständnis bestimmt. Freud erwähnt Kain nicht einmal, ebenso wenig Abraham. Wenn Freud von der „Sünde" im Paradies spricht, versteht er darunter das Essen vom verbotenen Baum und unterstellt, dass es hier um einen getarnten, verschwiegenen Vatermord gehe. Er nimmt nicht einmal wahr, dass der Genesis-Text gar nicht von einer Sünde im Paradies spricht. Der Genesis-Text erkennt die Ur-Sünde des Menschen in der Ermordung des Abel durch seinen Bruder Kain.

Später findet Freud bei der Lektüre des Textes über das Leben des Mose Hinweise darauf, dass Mose möglicherweise ermordet wurde und

---

8 Sigmund Freud, Der Mann Moses und die monotheistische Religion, Frankfurt am Main, 1975, 133.

dass dies wirklich ein verschwiegener und getarnter Vatermord gewesen sein könnte. Selbst wenn Freud, wie ich glaube, in diesem Fall Recht hat, kann er die Indizien nicht als Gegenargument gegen den Brudermord geltend machen. Der Brudermord behält auf alle Fälle seine entscheidende Bedeutung.

Ein späterer Vatermord kann sich daraus ergeben, aber das wäre in jedem Fall ein späterer Vater. Der maßgebliche Vater für die Juden ist Abraham. Und Abraham hat seinen Sohn nicht umgebracht, obwohl Gott (den der biblische Text nicht Yahwe nennt) es von ihm verlangte. Es bleibt offen, von welchem Gott bei dieser Gelegenheit die Rede ist. Es kann der Gott Baal sein oder Gott Mammon oder ein beliebiger anderer Gott, der das Sohnesopfer verlangte. In der Genesis-Erzählung anerkennt Gott selbst, dass Abraham Recht tut, seinen Sohn nicht zu töten.[9] Abraham wird nicht zum Mörder. Nachdem er sich geweigert hatte, seinen Sohn zu töten, und damit dem Befehl Gottes zuwider gehandelt hatte, erscheint Gott Jahwe selbst, zollt ihm Anerkennung und macht ihm ein Versprechen. Infolgedessen hat der Sohn keinen Grund, diesen Vater umzubringen. Weil Freud einen solchen Vater wie Abraham in seiner Deutung der Mosesgeschichte nicht unterbringen kann, lässt er Abraham außer acht. Jesus bietet dafür bereits selbst den Schlüssel:

> *Wenn ihr Kinder Abrahams wärt, würdet ihr so handeln wie Abraham. Jetzt aber wollt ihr mich töten, einen Menschen, der euch die Wahrheit verkündet hat, die Wahrheit, die ich von Gott gehört habe. So hat Abraham nicht gehandelt.*
> *(Joh 8, 39-40)*

Für den Evangelisten Johannes zählt allein, dass Abraham nicht getötet hat. Durch dieses Verhalten bedingt werden sogar Vater und Sohn, Abraham und Isaak, zu Brüdern. Indem Abraham nicht tötet, begeht er auch keinen Brudermord.

---

9 Franz Hinkelammert, Der Glaube Abrahams und der Ödipus des Westens. Opfermythen im christlichen Abendland, Münster 1989.

Jesus spricht nur davon, dass Abraham nicht getötet hat. Er spricht nicht über das, was die Tradition häufig Abraham unterstellt hat. Diese verdächtigte Abraham, entschieden und bereit gewesen zu sein, seinen Sohn zu töten; Gott jedoch habe sich mit diesem „guten Willen" Abrahams zufrieden gegeben und durch den Engel angeordnet, das Menschenopfer nicht auszuführen.

Zweifellos repräsentiert der Engel, der im Mythos erscheint, das Gewissen des Abraham. Wenn ein Engel erschienen wäre, der Abraham befohlen hätte, seinen Sohn umzubringen, hätte Abraham ihn zurückgeschickt, weil ihm klar war, dass dies nicht Gottes Wille sein könnte. Deshalb tritt am Ende dieses Mythos vom verweigerten Menschenopfer Gott mit dem Namen Jahwe auf. Am Beginn der Geschichte ist zwar von Gott die Rede, der die Opferung des Sohnes anordnet, aber ohne den Namen Jahwe, so das jeglicher Gott damit gemeint gewesen sein kann, wie wir bereits angemerkt haben.

Dieser Mythos vom Menschenopfer, das Abraham verweigert, kann als Beweisstück dafür gelten, dass eine Entscheidung nicht schon allein aus dem Grunde gültig ist, weil Gott gesprochen und den entsprechenden Befehl erteilt hat. Ich selbst bin für mein Handeln verantwortlich, selbst wenn ich die Stimme Gottes gehört habe, die mir eine bestimmte Handlung befahl. Wenn George W. Bush behauptet, Gott habe ihm befohlen, den Irak anzugreifen und Krieg gegen den Irak zu führen, dann ist immer noch George Bush für den Krieg verantwortlich und nicht irgendein Gott. Wir selbst sind verantwortlich für das, was wir als Gottes Willen bezeichnen. So einfach ist das. Anfangs unterwirft Abraham sich dem Gott, der will, dass er seinen Sohn opfert. Und als er dabei ist, das Menschenopfer auszuführen, wird er sich dessen gewahr, dass er ein Verbrechen begeht. Und wenn es ein Verbrechen ist, kann es Gottes Wille nicht sein, wird er es zumindest nicht gutheißen. Niemals ist ein Verbrechen kein Verbrechen mehr, weil man glaubt, Gott habe den Befehl dazu gegeben. Diese Überzeugung wächst in Abraham, so dass er das Menschenopfer nicht ausführt. Dass ein Engel Abraham dies sagt, ändert daran nichts. Einen Engel, der das Gegenteil vertreten hätte, hätte der „bekehrte" Abraham nicht respektiert. In Deutschland gibt es einen Witz, der besagt: Deutschland hat einen Gott, dessen Wille es sei, dass alles was Deutschlands Nachbarn gehöre, legitimes Eigentum der Deutschen sei. Wenn die Deutschen einer solchen Stimme Gottes Folge leisteten, wären sie Diebe. Eine solche Behauptung darf man nicht einmal ernst nehmen z.B. dadurch, dass man die Frage diskutiert, ob es wohl Gott sei, dessen Willen die Deutschen ausführen, wenn sie ihre Nachbarn erobern. Wenn ein Gott so etwas sagt, handelt es sich um einen falschen Gott.

Deshalb ist ein Gebot oder Gesetz nicht bereits dadurch legitim, dass man ihm unterstellt, Gott habe es erlassen. Wer eine bestimmte Anordnung seines Gottes ausführt, bleibt stets selbst verantwortlich für das, was er tut, ohne dafür Gott belangen zu können. Diese Überzeugung vertritt Feuerbach, und Marx folgt ihm darin.

Nehmen wir als Beispiel die messianische Verheißung: Wer diese Verheißung weitersagt, verkündet den Willen Gottes. Nicht weil er dafür eine besondere Salbung erhalten hat, verkündet er den Willen Gottes, sondern weil das, was er verkündet, etwas Göttliches ist, oder mit anderen Worten: etwas, das den Menschen humanisiert, etwas, das dem Menschsein entspricht, nämlich dass der Mensch das höchste Wesen für den Menschen ist. Wenn Jesaja oder Jesus so reden und behaupten, als Gesalbte Gottes zu sprechen, haben sie Recht. Aber nicht weil sie Jesaja oder Jesus sind, haben sie Recht, sondern weil das, was sie sagen, dem menschlichen Leben dient und deshalb gesagt werden muss. Was Jesaja oder Jesus sagen, gilt nicht deshalb, weil sie es sind, die das sagen; es gewinnt vielmehr Geltung dadurch, dass jemand, der sie hört, sich davon überzeugen lässt, dass genau dies jetzt gesagt werden muss.

Diese Überlegungen können uns jetzt behilflich sein, den Unterschied zu verstehen zwischen dem, was Freud sagen will, wenn er vom Vatermord spricht, und dem, was demgegenüber die jüdische Tradition sagt. Freud entwickelt ein Vaterbild, das nach seiner Überzeugung bereits in der frühen Menschheitsgeschichte existierte. Für diese historischen Bezüge knüpft er u.a. an den König Ödipus von Sophokles an. Darauf will ich kurz eingehen, um die verschiedenen Ebenen in Freuds Thesen deutlicher hervorzuheben. Im König Ödipus verläuft die Handlung folgendermaßen:

1. Der Vater Laios tötet seinen Sohn Ödipus, auch wenn der Sohn entkommt, ohne dass der Vater dies bemerkt.
2. Der Sohn tötet seinen Vater.
3. Der Sohn Ödipus wird König und damit Repräsentant des Gesetzes. Für Freud hat das Gesetz seinen Ursprung hauptsächlich im Inzestverbot und in der Exogamie. Aus diesen Gesetzen entwickelt sich die Verfassung einer diversifizierten Gesellschaft, also das Gefüge von gesetzlichen Systemen. Ein Beispiel dafür ist der Dekalog, ein anderes das Römische Recht.
4. Die Söhne dieses Vaters Ödipus geraten in Streit miteinander; die beiden Söhne Eteokles und Polyneikes bringen sich gegenseitig um.

Dieser Mordrausch zwischen Vätern und Söhnen findet sich häufiger in der griechischen Sagenwelt. U.a. wird Zeus nur deshalb Erster auf dem Olymp, weil er seinen Vater Chronos umbringt. Zeus kommt zur Welt, ohne dass sein Vater davon Kenntnis erhält, denn man wusste, dieser würde das Kind umbringen, weil er fürchtete, von seinem Sohn umgebracht zu werden usw. Stets handelt es sich um ein Vaterbild, das davon gekennzeichnet ist, dass Vater und Sohn sich gegenseitig umbringen aus der Furcht, der eine wolle den anderen beseitigen. Wenn der Vater sich durchsetzt, ist er stets der Garant des Gesetzes; wird der Vater umgebracht, wird auch das Gesetz beseitigt. Der Vater symbolisiert das Über-Ich des Individuums und repräsentiert zugleich das gesamte, vom Individuum unabhängige Gesetzessystem. Er nimmt also auch den Platz des gesellschaftlichen Über-Ichs ein, von dem Freud im „Unbehagen in der Kultur" spricht. (Hier erwähnt Freud als periodisches Über-Ich den Urvater der Urhorde und Jesus, den er jedoch als Gesetzgeber-Gott versteht.)

Von diesem Vaterbild der griechisch-römischen Tradition geht Freud aus. Ein Beispiel für jene Tradition, deren Gründungsmord der Vatermord ist und aus dessen Verweigerung wiederum sich das Individuum und die menschliche Gesellschaft konstituieren. Das von Abraham repräsentierte Vaterbild unterscheidet sich davon ganz erheblich. Wenn wir die entscheidenden Züge des oben dargestellten Vaterbildes mit den Zügen des von Abraham vertretenen Vaterbildes, den die Juden als ihren Vater verehren, vergleichen, kommen wir zu folgendem Resultat:

1. Der Vater Abraham tötet seinen Sohn nicht.
2. Abrahams Sohn tötet seinen Vater nicht.
3. Der Vater Abraham diktiert kein Gesetz und macht sich auch nicht zum Überbringer eines Gottesgesetzes.
4. Die Söhne Abrahams: Abraham hat nur den Sohn Isaak. Aber Isaak hat zwei Söhne, Esau und Jakob. Sie geraten in Streit miteinander, der tödlich hätte enden können. Aber Esau verzeiht Jakob, was beide durch eine brüderliche Umarmung besiegeln. Jakob hat zwölf Söhne. Elf von ihnen verkaufen den zwölften, der Josef heißt, an vorbei kommende Ausländer. Als die Brüder mehr aus Zufall ihren Bruder wiedertreffen, der inzwischen eine bedeutende Machtposition eingenommen hat, rächt dieser sich nicht, sondern vergibt ihnen und umarmt sie.

Die Gestalt des Vater Abraham verkörpert das strikte Gegenteil zum Vaterbild der griechisch-römischen Tradition, das Freud übernimmt und dann auf Mose überträgt. Freud erklärt Mose zum Vater des jüdischen Volkes, obwohl ihm eindeutig bekannt ist, dass für die jüdische Tradition Abraham der Vater ist. Freud erwähnt Abraham nicht einmal und erklärt oder rechtfertigt meines Wissens auch nicht, warum er so massiv in die jüdische Tradition eingreift. (Dabei heißt ausgerechnet doch einer seiner engsten, ebenfalls jüdischen Mitarbeiter „Karl Abraham“). Aber aus Freuds Perspektive verfügt gerade Moses und nicht Abraham über die Züge, die ihn dem Vaterbild der griechisch-römischen Tradition so ähnlich sein lassen. Moses ist in der Tat ein Vater, der ein Gesetz durchsetzt, das er für das Gesetz Gottes hält. Kurz bevor Mose dem Volk das Gesetz übergeben will, schafft sich das jüdische Volk einen anderen Gott, der nicht des Moses Gott ist und dessen Gesetz sich von dem des Mose erheblich unterscheidet. Darauf setzt Mose sein Gesetz mit Feuer und Schwert durch. Er beauftragt die „Söhne Levis" dreitausend Juden zu töten, die das Goldene Kalb verehrt haben.[10] (2 Mose 32, 25-29). Hält man Mose für den Vater des Volkes, wird hier die Ermordung des Sohnes geschildert. Folglich behauptet Freud mit einigem Recht, dass dieses Volk seinen Vater Mose später umbringen wird.

Diesen Symptomen zum Trotz halten die Juden weiterhin Abraham für ihren Vater und verlieren diese Katastrophe des Vater Moses aus dem Gedächtnis. Sie übernehmen jedoch das Gesetz, das Mose ihnen präsentierte, als Gottes Gesetz, als Gesetz des Gottes Jahwe. Sie annullieren das Gesetz nicht, halten es aber auch nicht für das Gesetz des Vaters, selbst wenn es von Gott stammt. Das heißt: Sie beseitigen zwar den Gott des Gesetzes nicht, aber gesellen ihm an bevorzugter Stelle den Vater Abraham und seinen Gott zur Seite.

Wenn wir von der Vatergestalt des Abraham ausgehen, wird uns sehr schnell deutlich, dass dieser Vater Abraham nicht ohne weiteres den Vater der griechisch-römischen Tradition ersetzen kann. Die Vatergestalt des Abraham ist eine kritische Gestalt. Sie spiegelt nicht das, was ist, sondern projiziert, was sein sollte. Man könnte sogar behaupten, dass diese Gestalt eine utopische Figur ist. Nach einem solchen Vater Abraham muss man stets verlangen, man ist sich seiner nie ein für allemal sicher. Der griechisch-römische Gott dagegen ist ein sterblicher Gott, wie man ihn bei Hobbes finden kann. Er wird zwar getötet, aber unmittelbar darauf gleich wieder eingesetzt, zum Leben erweckt.

Hobbes reflektiert über diesen sterblichen Gott in dem Moment, in dem er in der Gestalt des geköpften Königs gestorben ist. Kurze Zeit später ersteht er – leicht verändert – in Cromwell und John Locke wie-

[10] Die Zahl 3000 scheint eine magische Zahl zu sein. Man findet sie auch in der Geschichte des Simson. Bei einem rauschenden Fest brachte er den Palast der Philister zum Einsturz und tötete dabei mit Gottes Hilfe 3000 Philister (Richter 16, 27). Am 11. September 2001 kamen beim Einsturz der Türme ebenfalls 3000 Menschen um. Befremdliche Zufälle.

der auf. Diese Art Kontinuität wird von Marx als Thermidor bezeichnet. Der Thermidor ist ebenso beständig wie der Aufstand gegen den sterblichen Vater-Gott.

Die Vatergestalt des Abraham ist nie vollkommen realisiert, aber dennoch als Abwesender – mal mehr, mal weniger – stets präsent. Zur Rechtfertigung der Kritik am Brudermord bleibt er eine kritische Referenz im Widerstand gegen den anderen Vater. Abraham ist nicht der Vater von Macht und Gesetz, sondern der Vater, der aufsteht gegen den Brudermord. Der sterbliche Vater-Gott rechtfertigt den Klassenkampf von oben. Vater Abraham leistet von unten aus Widerstand gegen diesen Klassenkampf. Er ist der Vater des kritischen Denkens, das sich mit dem ermordeten Bruder bzw. mit der ermordeten Schwester bzw. Mutter identifiziert.

Das kritische Denken nimmt seinen Ausgangspunkt beim ermordeten Mitmenschen. Es betrachtet diesen Mord insofern als Gründungsmord, weil es sich dagegen als Gegenbewegung des kritischen Denkens konstituiert. Wann vom Geschwistermord, der stets wieder begangen wird, geredet werden muss, macht Bertolt Brecht deutlich:

> *Es gibt viele Arten zu töten. Man kann einem ein Messer in den Bauch stechen, einem das Brot entziehen, einen von einer Krankheit nicht heilen, einen in eine schlechte Wohnung stecken, einen durch Arbeit zu Tode schinden, einen zum Suizid treiben, einen in den Krieg führen usw. Nur weniges davon ist in unserem Staat verboten.*[11]

Das entscheidende Urteil steckt in diesem Satz: „Nur weniges davon ist in unserem Staat verboten.“ Für das kritische Denken handelt es sich um Tötungsformen, die das Gesetz nicht verbietet bzw. häufig sogar nicht verbieten kann, aber legalisiert.

Vor allem möchte ich zwei Prinzipien der Gerechtigkeit anführen, die eine lange Geschichte hinter sich haben und gerade heute wieder brennend aktuell sind. Beide stammen aus der kulturellen Tradition des Judentums und seiner Kritik am Brudermord.

---

[11] Bertolt Brecht, Buch der Wendungen, Frankfurt a. Main 1965, 14.

1. Die Annullierung unbezahlbarer Schulden: Sie gehört zu den Hauptprinzipien der Lehre Jesu und wird im Vaterunser ausgesprochen. Klar ist, dass die gesetzliche Regelung der Schuldentilgung das Eintreiben der Schulden bedenkenlos legitimiert. Mit ihrer Hilfe können Schulden in Massenvernichtungswaffen umgewandelt werden, also in Hilfsmittel zur Ausführung des Geschwistermordes. In diesem Sinne hat der deutsche Finanzminister, der einer sich als christlich bezeichnenden Partei angehört, das Gesetz angewendet, als er Griechenland dazu verurteilte, trotz drohenden Zusammenbruchs eine unbezahlbare Schuld zu tilgen. Im Justizsektor hat Deutschland die Todesstrafe zwar abgeschafft, aber eben nur dort. Weder für das Finanzministerium noch für die Banken ist die Anwendung der Todesstrafe beseitigt. Heute ist Griechenland zur Hälfte eine Kolonie Deutschlands.
2. Das Gerechtigkeitsprinzip in der Lohnfrage: Dieses Prinzip bestimmt, dass kein Lohn gerecht ist, der es dem Lohnempfänger nicht gestattet, menschenwürdig zu leben. Davon spricht Jesus in der Parabel von den Arbeitern im Weinberg, Matthäus 20, 1-16. Der Gutsbesitzer stellt Arbeiter ein, die ersten beginnen am frühen Morgen. Doch der Gutsbesitzer stellt im Laufe des Tages immer weitere Arbeiter ein, den letzten eine Stunde vor dem Ende des Arbeitstages. Allen hatte er bei der Anstellung den gerechten Lohn versprochen. Am Ende des Tages zahlt er allen den gleichen Tageslohn, auch dem zuletzt Eingestellten, der nur eine Stunde gearbeitet hatte. Das hält er für gerecht. Das ist jedoch nur solange ein gerechter Lohn, wie man berücksichtigt, dass alle Arbeiter auf einen Lohn angewiesen sind, der ihnen erlaubt, das Leben an diesem Tag gesichert zu haben. Hier wird ein Gerechtigkeitsverständnis sichtbar, das Marx später als Gerechtigkeit im Kommunismus bezeichnete: Jeder nach seinen Fähigkeiten, jedem nach seinen Bedürfnissen. Der Maßstab zur Beurteilung der gerechten Einkünfte für die Arbeit bemisst sich nicht danach, ob einem bestimmten Gesetz Genüge getan wird, sondern ob die Arbeitenden würdig davon leben können.

In beiden Prinzipien geht es um einen Konflikt zwischen der Erfüllung eines Gesetzes und einer gerechten Bezahlung. Die Gerechtigkeit, die hier gefordert wird, hat ihren Maßstab darin, das Leben zu sichern und den Geschwistermord zu verhindern.

Der Gründungsmord ist der Brudermord. Ihn zu verhindern, hat Vorrang vor jeder Gesetzeserfüllung. Der Apostel Paulus bestätigt dieses Prinzip, wenn er sagt:

> *Die Kraft des [Verbrechens] ist das Gesetz*[12]*. (1 Kor 15, 56)*

Die Verurteilung des Bruder-/Geschwistermordes führt also zu einem allgemeingültigen Gerechtigkeitsprinzip, das wir folgendermaßen formulieren könnten: Jede Anwendung des Gesetzes ist danach zu beurteilen, ob es sich möglicherweise um eine Begünstigung des Bruder-/Geschwistermordes im Namen des Gesetzes handelt. Es geht also nicht darum, das Gesetz abzuschaffen, sondern es ständig einem Unterscheidungsprozess zu unterwerfen, also dem Kriterium, ob ein bestimmtes Gesetzeshandeln den drohenden Bruder-/Geschwistermord begünstigt oder behindert. Dieses Kriterium bringt das von Freud praktizierte Gesetzesverständnis nicht zum Verschwinden. Die Triebunterdrückung ist stets notwendig. Sie provoziert immer wieder einen Konflikt zwischen Trieb und Gesetz. Das Gesetz unterdrückt den Trieb und lenkt ihn auf ein anderes Gebiet um, das besser mit dem Leben des Menschen in Einklang zu bringen ist. Dieser Prozess verändert die Triebe und sublimiert sie. Das fördert die Anpassung an Macht und Gesetz. Aber die Freiheit besteht darin, angesichts des Bruder-/Geschwistermordes in Erfüllung des Gesetzes über das Gesetz zu urteilen. Für diese Freiheit hat Freud kein Verständnis.

---

[12] Im Text ist wörtlich von „Sünde“ die Rede statt vom Verbrechen. Aber unser heutiges Verständnis von Sünde unterscheidet sich erheblich vom Sündenverständnis zu Zeiten von Paulus. Aber in den Texten von Paulus erhält die Sünde die Bedeutung des Verbrechens. Das heutige Sündenverständnis lässt sich charakterisieren durch das, was ein junger Mann zu seiner Freundin sagen würde: „Können wir heute nicht ein bisschen sündigen?“

Es liegt in der Logik des drohenden Bruder-/Geschwistermordes in der Erfüllung des Gesetzes, dass daraus auch eine Logik erwächst, die dem Zerfall der menschlichen Gesellschaft Vorschub leistet. Letztlich ist der Neoliberalismus eine Ideologie des kollektiven Selbstmordes, der aus dem uneingeschränkten Bruder-/Geschwistermord hervorgeht. Der kollektive Brudermord endet im kollektiven Selbstmord. Diese krankhafte Rationalität hat sich global verbreitet und taucht in allen Lebensbereichen der Gesellschaft auf. Die irrationale Rationalität des heutigen Systems dringt in alle Bereiche ein, in die Familie, in den Markt, in andere Institutionen und seit Mitte der 90er Jahre des 20. Jhdts. auch in die Kriege, die im Nahen Osten und in Afrika gegen das imperiale System geführt werden. Dieses Phänomen ist nicht „islamisch", sondern typisch modern. Die ersten Selbstmord-Attentate geschahen Ende der 70er Jahre in den USA. Sie spiegeln die Irrationalität der Rationalität unseres Systems wieder. Unsere Rationalität selbst ist irrational geworden. Die Rationalität des Brudermords provoziert die Irrationalität.

Gegen diesen Prozess erhebt sich eine Bewegung, die eine andere Rationalität verwirklichen und auch mit Konflikten anders umgehen will, wenn sie nach dem Leitwort handelt: Ich bin, wenn du bist. Diese Einstellung kanalisiert und limitiert die Destruktivkräfte des gegenteiligen Prinzips, des Prinzips des grenzenlosen Wettbewerbs, das nach dem Leitwort wirkt: Ich lebe, wenn ich dich besiege. Das beginnt bereits in der Antike: Meine Freiheit ist dann garantiert, wenn ich Sklaven habe. Freisein heißt Sklaven haben.[13]

6. Freuds Religionskritik am Christentum

Freud kritisiert das Christentum, ohne es zu verstehen. Das Christentum entsteht als eine „Religion" von Geschwistern, die sich alle als Söhne und Töchter Gottes begreifen. Für sie ist die Hinrichtung Jesu am Kreuz in erster Linie ein Brudermord, aber keineswegs ein Gottesmord oder Ähn-

---

[13] In der Iphigenie von Aulis von Euripides sagt Iphigenie: „Den Hellenen sei der Barbar untertan, doch, Mutter, nie frone Hellas' Volk den Barbaren; Sklaven sind sie, Freie wir!" Tatsächlich ist dies auch heute noch die Haltung unserer Gesellschaft. Daher wird die Arbeit an der Entkolonisalisierung des Denkens so wichtig.

liches. Eben dieses Faktum begreift Freud nicht. Er behauptet, dass „ … der Sohn, der die Sühne auf sich genommen, selbst Gott wurde neben dem Vater und eigentlich an Stelle des Vaters. Aus einer Vaterreligion hervorgegangen, wurde das Christentum eine Sohnesreligion. Dem Verhängnis, den Vater beseitigen zu müssen, ist es nicht entgangen“.[14]

Der Jesus des frühen Christentums hatte keineswegs einen zuvor geschehenen Vatermord zu sühnen. Er erleidet selbst die Ermordung, weil er stets darauf verwiesen hatte, dass der Brudermord der Gründungsmord jener Gesellschaft sei, in der er lebe.

Hier verwechselt Freud etwas. Das Christentum entstand als Sohnesreligion, als Religion des Menschensohnes. Sicherlich war Jesus auch Sohn Gottes, aber so, wie alle Menschen tatsächlich oder potentiell Söhne und Töchter Gottes sind. Jedoch die im dritten und vierten Jahrhundert amtlich (insbesondere von Konstantin und Augustinus) durchgesetzte offizielle Theologie formierte das Christentum neu zu einer Vaterreligion, als sie behauptete, Jesus sei der einzige Sohn Gottes, den der Vater dazu beauftragt habe, den Sühnetod für das Verbrechen zu sterben, das die Menschen am Vater begangen haben. Damit schien das Christentum wiederum eine Vaterreligion zu sein und der Tod Jesu kein Brudermord, sondern ein Vatermord, der nur an seinem Sohn begangen wurde. Auf dieses Christentum bezogen mag Freud Recht haben, wie mir scheint.

Das Christentum verändert sich eben in dem Moment, in dem es im Laufe des III. und IV. Jahrhunderts das Imperium christianisiert. Um das Imperium christianisieren zu können, musste es zuerst sich selbst imperialisieren. Eine solche Imperialisierung des Christentums verlangte jedoch, dass es den Vatermord statt des Brudermordes als Gründungsmord definierte. Von da an musste jede Christus-Deutung der Gestalt Jesu das Bild vom „Bruder Jesus“ durch das Bild vom „Gottessohn Jesus“ ersetzen, durch die zweite Person des dreifaltigen Gottes. Jesus ist Gottes Sohn in der Dreifaltigkeit Gottes. Er zieht einen menschlichen Körper an, wenn er auf die Erde kommen will. Der menschliche Körper

14 Sigmund Freud, Der Mann Moses und die monotheistische Religion, a.a.O., 133.

ist für ihn so etwas wie ein Sakko, das er sich überzieht. Auf diesen rundum erneuerten Jesus, der wegen des Vatermordes den Sühnetod für die Menschheit stirbt, bezieht sich Freud in seinen Analysen. Für ihn ist die Ermordung Jesu der am einzigen Gottessohn vollzogene Vatermord.

Wenn man unter dieser Voraussetzung den oben zitierten Text von Freud liest, muss man ihn für eine zutreffende Analyse halten. Dann lassen sich leicht folgende Schlussfolgerungen ziehen: Das Über-Ich, zusammengesetzt aus sterblichem Gott und verborgenem Vater, wird zum Über-Ich des Marktsystems. Das Über-Ich erlässt die Gesetze, der sterbliche Gott setzt diese Gesetze durch, es sind die Gesetze des Marktes, die sich tarnen als sterbliches Gott-Vater-Über-Ich-Marktsystem.

Jesus, der den Vater ersetzt, aber sich mit dem Vater identifiziert, wird zum gesellschaftlichen Über-Ich. Eben diese Denkfigur macht sich der Antisemitismus als Legitimationsbasis zu eigen: Der Sohn ist der Stellvertreter des Vaters, als dessen Söhne sich die Juden verstehen; diesen Vater ersetzt das veränderte Christentum durch Jesus und beseitigt ihn faktisch sogar. Aber diese Beseitigung ist kein Vatermord, sondern Jesus ersetzt den Vater nur. Wer jedoch in der Tat beseitigt wird, ohne überhaupt erwähnt zu werden, ist der Vater Abraham. Mit ihm beseitigt der Antisemitismus auch die Vorstellung vom Brudermord als Gründungsmord. Das macht im Kern den Antisemitismus aus.

Nun wird der Vatermord zur Ur-Sünde, der gegenüber sich jeder Mensch verhalten muss. Das Christentum ist in Freud`s Verständnis die institutionalisierte Sühne dieser Schuld, weil es von dieser Schuld erlösen und alle Christen mit dem Vater versöhnen kann. Das Gesetz des Über-Ich hat man ganz einfach zu erfüllen, weil es Gesetz des Vaters ist, des sterblichen Gottes etc., des Vaters mit absoluter Macht, der (im Vater eines jeden Menschen) immer wieder ersteht. Zum schlimmsten Verbrechen wird es nun, die Schuld des Vatermordes nicht einzugestehen.

Dieses Problem wirkt bis heute, wenn es auch durch die Befreiungstheologie neu aufgeworfen wurde. U.a. ist die Warnung gegen und vor Jon Sobrino, dem Jesuiten-Theologen an der Zentralamerikanischen Universität von San Salvador, ein weiterer Hinweis darauf. Jon Sobrino hatte eine Christologie entwickelt, die wirklich vom Brudermord als Gründungsmord ausging. Sie deutet die Kreuzigung Jesu als Brudermord. Joseph Ratzinger warnte als Papst vor Jon Sobrinos Thesen mit dieser Behauptung:

> *Die Beziehung Jesu mit Gott wird nicht korrekt zum Ausdruck gebracht, wenn man sagt, dass er ein Glaubender wie wir war. Im Gegenteil, gerade die innige, direkte und unmittelbare Kenntnis, die er vom Vater hat, erlaubt es ihm, den Menschen das Geheimnis der göttlichen Liebe zu offenbaren. Und nur so kann er uns in diese Liebe einführen.*[15]

Zweifellos befindet sich Ratzinger zusammen mit der vatikanischen Glaubenskongregation näher bei Freud als bei Sobrino.

Freud konstruiert das Subjekt ausschließlich als ein Individuum, ja mehr noch als ein bürgerliches Individuum. Es handelt als Eigentümer und kalkuliert den seinem Zugriff erreichbaren Teil der Welt. Dieses Individuum hat zwar einen Vater, aber dieser Vater ist das Gesetz, das Gesetz des Marktes, das sich als Über-Ich auswirkt. In der Umgebung dieses Individuums existieren andere Subjekte, die jedoch Objekte seiner Kalkulationen darstellen. Ihnen gegenüber empfindet das Individuum instinktive Triebe, die es auch auslebt, indem es seine Einnahmen, und damit seinen Vorteil insgesamt maximiert.

Das Individuum betrachtet jeden anderen Menschen ausschließlich als zu nutzendes Objekt. Dem widersteht das jüdische Verständnis des Anderen: Es reduziert den anderen Menschen niemals zum Objekt. Der andere Mensch ist vielmehr Bruder/Schwester, mit dem der Mensch das Leben teilt. Diese Grundeinstellung lässt sich in der Formel zusammenfassen: Ich bin, wenn du bist. Insofern ist der andere Mensch zugleich ich selbst, und ich zugleich der andere Mensch. Mein

---

15 *NOTIFIKATION* der Kongregation für die Glaubenslehre zu den Werken von Jon Sobrino S.J.: Jesucristo liberador. Lectura histórico-teológica de Jesús de Nazaret, Madrid 1991 und: La fe en Jesucristo. Ensayo desde las víctimas, San Salvador 1999 vom 26. Nov. 2006. Abschn. V., 8:
http://www.vatican.va/roman_curia/congregations/cfaith/documents/rc_con_cfaith_doc_20061126_notification-sobrino_ge.html, Zugriff am 19.12.2016.

Leben kann nur zur Fülle finden, wenn auch der andere Mensch in einem freien Leben zur Fülle findet. Die Beziehung zum anderen Menschen ist dadurch bestimmt, dass beide einander gegenseitig das Leben ermöglichen.

Das Über-Ich steht damit nicht in Konfrontation mit einem Individuum, sondern mit einem Beziehungsnetz von Individuen, die ihre subjektive Beziehung gegenseitig auf der Überzeugung aufbauen: Ich bin, wenn du bist. Durch ein solches Beziehungsnetz wird das Gesetz zu einer relativen Größe, die dazu dienen soll, das Leben als Beziehung von Subjekten in intersubjektiver Gegenseitigkeit zu sichern. Jede andersgeartete Beziehung wäre Brudermord. Die Verhinderung des Brudermordes hat Vorrang vor jeder gesetzlichen Verpflichtung, daher also auch vor jeglicher singulären Individualität. Von dieser Grundvoraussetzung wird die gesamte Kultur bestimmt, selbst wenn viele ihr nicht gerecht werden. Der Grund-Satz: „Ich bin, wenn du bist" bestimmt den Kern der Existenz jedes einzelnen Menschen, darf also nicht mit dieser oder jener Gesetzesvorschrift verwechselt werden. Dieser Grundsatz stellt vielmehr ein Kriterium zur Beurteilung jeglichen Gesetzes dar. Der Konditionalsatz „...wenn du bist", bezieht sich einerseits auf den anderen Menschen, aber andererseits ebenso auf die den Menschen umgebende Natur. Denn auch nur, wenn sie ist, kann ich sein.

7. Die neoliberale Religion des Marktes und ihre Kritik

Es existieren jedoch auch noch andere Konstruktionen von Mythen über die ersten Menschen. Die von Milton Friedman zur Rechtfertigung des Neoliberalismus vorgelegte Konstruktion interessiert uns hier besonders. Friedman beschreibt seine Vorstellung vom Ursprungsmythos mit folgenden Worten:

> *So würde man beispielsweise ohne große Schwierigkeit volle Zustimmung dafür finden, dass die Freiheit des Menschen, seinen Nachbarn zu ermorden, aufgehoben werden muss, um dem anderen Mann die Freiheit des Lebens zu erhalten.*[16]

[16] Milton Friedman, Kapitalismus und Freiheit, Frankfurt a. Main/Berlin/Wien 1984, 49.

Die hier zitierte Übersetzung des im Original englisch verfassten Textes bedürfte einer Präzisierung, um die Brisanz des Friedman-Mythos voll zu erfassen. Die hier verwendete Übersetzung spricht von der „Freiheit des Menschen, seinen NACHBARN zu ermorden." Sie übersetzt also das Wort „neighbour" durch das deutsche Wort „Nachbar". Im Kontext des Arguments von Friedman ist diese Übersetzung jedoch nicht zulässig. „Neighbour" kann sowohl „Nachbar" als auch „Nächster" bedeuten, wie im biblischen Kontext üblich.[17] In dem argumentativen Zusammenhang, in dem Friedman das Wort verwendet, kann es nur „der Nächste" bedeuten. Folglich müsste die präzise Übersetzung des eben zitierten Satzes lauten: „die Freiheit des Menschen, seinen Nächsten zu ermorden". Damit wird unmittelbar ersichtlich, dass Friedman „die Freiheit des Menschen, seinen Nächsten zu ermorden" zum Ursprungsmythos erklärt und zugleich behauptet, dass dieser Ursprungsmythos aufgehoben werden muss, „um die Freiheit des Lebens zu erhalten." Diese Behauptung Friedmans steht im Gegensatz zu unserer gesamten bisherigen Kultur. Diese spricht nirgendwo von einer Freiheit, den Nächsten zu ermorden, sondern fordert seit ihrem Beginn in der jüdischen Tradition dazu auf, den Nächsten zu lieben. Als Kain Abel ermordet, wird über Kain das Fluchwort gesprochen. Abraham dagegen wir gesegnet, weil er seinen Sohn Isaak nicht tötet, um ihn zu opfern. Diese Tradition annulliert Friedman ganz bewusst, indem er einfach behauptet, dass man die Freiheit, seinen Nächsten zu töten, aufheben - besser: „opfern" - müsse, „um dem anderen Mann die Freiheit des Lebens zu erhalten".

Ein solches „Opfer" wird nach Friedman dadurch gebracht, dass man ein Gesetz erlässt, durch das eine bestimmte Institution geschaffen wird. Friedman ersetzt also die Freiheit, den Nächsten zu ermorden, nicht etwa durch die Nächstenliebe, sondern durch die Schaffung einer Institution, in der sich das Gesetz verwirklicht. Diese Institution ist nach Friedman der Markt. Er argumentiert folgendermaßen:

---

[17] vgl. z.B. Lk 10,29: „Wer ist denn mein Nächster" - „And who is my neighbour" - http://www.catholic.org/bible/book.php?id=49&bible_chapter=10. Letzter Zugriff am 19.04.2017.

> *Die grundlegende Erfordernis ist die Aufrechterhaltung von Gesetz und Ordnung, um jeden physischen Druck eines Individuums auf ein anderes zu verhindern und dafür zu sorgen, dass die freiwillig geschlossenen Verträge eingehalten werden, um damit dem „Privaten" seine Substanz zu verleihen.*[18]

Für Friedman gilt, dass alle menschlichen Beziehungen durch den Markt kanalisiert werden. Der Warenaustausch begrenzt durch seine Regeln und Gesetze, die Freiheit, den Nächsten zu ermorden. Außerhalb des Marktes gibt es weder Rechte noch Verpflichtungen. Die Freiheit wird also nicht garantiert durch das Grundrecht auf Leben, sondern durch „Gesetz und Ordnung", damit „die freiwillig geschlossenen Verträge eingehalten werden". Offenkundig sind hier „Gesetz und Ordnung" zu verstehen als das Gesetz des Marktes, das uneingeschränkt als Ordnung durchgesetzt werden soll. Eben dies bezeichnet Max Weber als „Ethik des Marktes". Menschenrechte wie das Grundrecht auf Leben, zu dessen Verwirklichung man in den Markt intervenieren müsste, gibt es nicht. Alles, was man innerhalb des Marktes tut, ist wohl getan. Innerhalb des Marktes darf man zwar den Nächsten nicht ermorden, aber das Markthandeln kann zum Tod des Nächsten führen, indem man ihn sterben lässt, also in Folge des Markthandelns ermordet.

Eine solch absolute Souveränität des Marktes provoziert Konflikte. Wenn der Markt sterben lässt, wird der Markt ungerecht. Solcherart Ungerechtigkeiten anerkennt Friedman jedoch nicht, selbst wenn sie zum Tode führen. In dieser Einstellung lebt seine Freiheit weiter, den Nächsten zu ermorden.

Um dieses Gefüge abzusichern, macht man den Markt zu einem Objekt der Frömmigkeit. Folglich fordert Friedman eine bestimmte Haltung gegenüber dem Markt:

> *Eine der Hauptursachen für die Gegnerschaft zur freien Wirtschaft ist gerade die Tatsache, dass sie ihre Aufgaben so gut erfüllt. Sie gibt den Menschen das, was sie wollen, und nicht das, was ihnen eine bestimmte kleine Gruppe aufzwingen will. Hinter*

---

[18] Milton Friedman, a.a.O., 35.

> *den meisten Argumenten gegen den freien Markt steckt der mangelnde Glaube an die Freiheit selbst.*[19]

Friedman braucht einen „Glauben“ an die Freiheit des Marktes. Wer die Ungerechtigkeiten des Marktes anklagt, muss es lernen, dass der freie Markt seine Aufgaben vollkommen gut erfüllt, selbst wenn dadurch Lebenschancen eingeschränkt oder gar verhindert werden, also die Möglichkeit, überhaupt zu leben, beseitigt wird. Wer dieses Argument des Glaubens an den Markt nicht akzeptiert, muss sich darüber im Klaren sein, dass dieser Konflikt nicht durch Wahlurnen, also demokratisch, überwunden werden kann:

> *Grundsätzliche Meinungsverschiedenheiten, die Grundwerte betreffen, können selten, wenn überhaupt, an der Wahlurne entschieden werden; letzten Endes können sie nur durch einen Konflikt gelöst, aber nicht behoben werden. Die Religions- und Bürgerkriege der Geschichte sind das blutigste Zeugnis dieser Entscheidung.*[20]

Unverblümt fordert Friedman hier die Legitimität, alle mit Gewalt zu bekämpfen, die Widerstand gegen den absoluten und totalen Markt üben. Dadurch wird verständlich, dass Milton Friedman in der Epoche der totalitären Diktaturen der Nationalen Sicherheit in Lateinamerika auf der Seite der Diktatoren stand. Ausdrücklich unterstützte er den Diktator Pinochet in Chile nach dem Militärputsch von 1973. Ebenso verständlich wird, warum Friedman die gesetzlich begründete Abschaffung der Sklaverei als illegitime Intervention in den Markt betrachtet.

Noch eindrücklicher jedoch verwandelt Friedrich August von Hayek, der andere Guru des heutigen Neoliberalismus, den Markt in ein Objekt der Frömmigkeit. Ich werde hier ein längeres Zitat einfügen, um diesen vom Neoliberalismus verlangten Glaubensakt für die Funktionsfähigkeit des Marktes belegen zu können:

---

19 Ebd., 30.

20 Ebd., 46.

Es gibt weder im Englischen noch im Deutschen ein eindeutiges Wort, das auf adäquate Weise ausdrückt, was das Wesen einer erweiterten Ordnung ausmacht, noch dafür, warum ihr Funktionieren den Ansprüchen der Rationalisten widerspricht. Der Terminus „transzendent", der einzige, der im Grunde hierfür adäquat wäre, ist derartig oft missbraucht worden, dass ich zögere, ihn zu verwenden. In wörtlicher Bedeutung hingegen bezieht sich der Terminus auf all das, was sich jenseits der Grenzen unserer Vernunft, unserer Absichten, unserer Vorschläge und unserer Empfindungen befindet, aber auch auf das, was über ein Wissen verfügt und ein Wissen hervorbringt, das kein einzelnes Gehirn und keine einzelne Organisation besitzen oder erfinden könnte. In religiöser Bedeutung ist das leicht erkennbar, wenn zum Beispiel im **Vaterunser** *gefordert wird, dass: „Dein Wille geschehe (und nicht der Meinige) wie im Himmel also auch auf Erden"; oder* **im Evangelium**: *„Nicht ihr habt mich erwählt, sondern ich habe euch erwählt und euch dazu bestimmt, dass ihr hingeht und Frucht bringt und eure Frucht bleibe…"* **(Joh 15,16)**. *Aber eine noch eindeutiger transzendente Ordnung, die auch eine ebenso eindeutig natürliche Ordnung ist (das heißt, die nicht von irgendeiner übernatürlichen Macht herleitbar ist), wie z.B. bei der Evolution, verzichtet auf jenen Animismus, der noch die Religion beherrscht, nämlich die Vorstellung, dass ein einziges Hirn bzw. ein einziger Wille (wie z.B. ein allwissender Gott) alles kontrollieren oder ordnen könnte.*[21]

---

[21] Friedrich August von Hayek, Die verhängnisvolle Anmaßung. Die Irrtümer des Sozialismus, Tübingen 1988. Hervorhebungen von mir. Der deutsche Text ist eine Übersetzung des folgenden englischen Originals: There is no ready English or even German word that precisely characterises an extended order, or how its way of functioning contrasts with the rationalists' requirements. The only appropriate word, „transcendent", has been so misused that I hesitate to use it. In its literal meaning, however, it does concern that which *far surpasses the reach of our understanding, wishes and purposes, and our sense perceptions,* and that which incorporates and generates knowledge which no individual brain, or any single organisation, could possess or invent. This is conspicuously so in its religious meaning, as we see for example in the Lord's Prayer, where it is asked that ‚*'Thy* will [i.e., not *mine]* be done in earth as it is in heaven"; or in the Gospel, where it is declared: „Ye have not chosen me but I have chosen you, that ye should go and bring forth fruit, and that your fruit should remain" (St. John, 15:26). But a more purely transcendent ordering, which also happens to be a purely naturalistic ordering (not derived from any supernatural power), as for example in evolution, abandons the animism still present in religion: the idea that a single brain or will (as for example, that of an omniscient God) could control and order. Hayek, A. Friedrich, The fatal conceit: The Error of Socialism. The collected Works of Friedrich August Hayek, Volume I, Chicago University Press, 1988.

Hayek hält den Markt für ein „transzendentes" Faktum und definiert es so:

> *In wörtlicher Bedeutung ... bezieht sich der Terminus auf all das, was sich jenseits der Grenzen unserer Vernunft, unserer Absichten, unserer Vorschläge und unserer Empfindungen befindet, aber auch auf das, was über ein Wissen verfügt und ein Wissen hervorbringt, das kein einzelnes Gehirn und keine einzelne Organisation besitzen oder erfinden könnte.*

Dann betrachtet er dieses übermenschliche Gefüge in religiöser Hinsicht:

> *In religiöser Bedeutung ist das leicht erkennbar, wenn zum Beispiel im Vaterunser gefordert wird, dass: „Dein Wille geschehe (und nicht der Meinige) wie im Himmel also auch auf Erden…".*

So spricht der Mensch als Marktteilnehmer, wenn er den Glaubensakt an die Freiheit des Marktes vollzieht. Er richtet sich an den Markt als das Objekt seiner Frömmigkeit und spricht ihn mit den Worten an, die das Vaterunser an den Vater im Himmel richtet: „Dein Wille geschehe (nicht der Meinige), wie im Himmel so auf Erden." Hayek ist jedoch auch bekannt, mit welcher Antwort der Marktgott aufwartet. Dafür greift er auf ein Zitat aus dem Evangelium zurück:

> *Nicht ihr habt mich erwählt, sondern ich habe euch erwählt und euch dazu bestimmt, dass ihr hingeht und Frucht bringt und eure Frucht bleibe… (Joh 15,16)*

So reagiert der Marktgott auf den Gläubigen, der vom Glauben an den Markt überzeugt ist. Der Vater ist keine Person mehr, sondern die Institution Markt. Wer also in den Markt interveniert, begeht einen Vatermord. Vatermörder aber müssen beseitigt werden. So denkt zumindest Augusto Pinochet, wenn er behauptet, dass alle Subversiven Vatermörder seien. Der so verstandene Markt ist der Gott, der heute im Neoliberalismus agiert. Aber eigentlich agiert er bereits bei Hobbes und Adam Smith. Marx bezeichnet ihn als das „Wertgesetz", das Mensch und

Natur verschlingt. Es ist zugleich das Gesetz jener Religion, die der Kapitalismus darstellt. Hier möchte ich zurückgreifen auf ein Argument, das ich bereits vor einigen Jahren erarbeitet habe. Es geht um die Rolle, die das Wertgesetz und die dazu gehörige Marktethik spielen. Bereits Aristoteles befasst sich mit dieser Frage, wenn er ein Markthandeln, das nur um der Geldvermehrung willen geschieht, als Chrematistik bezeichnet und dieses von der Ökonomie unterscheidet. Aristoteles behauptet gar, dass jedes Handeln, das das Geld um des Geldes willen zu vermehren sucht, widernatürlich sei. Eben diese Überzeugung setzt auch die Kritik in Gang, die Karl Marx am Wertgesetz übt. Im Grunde behandelt bereits das zehnte Gebot des Dekalogs diese Frage, wenn es das „Begehren" thematisiert. In diesem Zusammenhang greife ich auf einen eigenen Text zurück, der sich mit Paulus befasst:

> *Das Gesetz [von dem Paulus spricht] bezieht sich natürlich weiterhin auf den Kern der Gesetzlichkeit, so wie Paulus ihn sieht, also auf das sechste bis zehnte Gebot. Ich werde dabei allerdings vor allem jene Gebote herausstellen, die sich auf das Verhältnis des Menschen zur Dingwelt beziehen. Es sind dies das siebte bis neunte Gebot (nicht töten, nicht stehlen, nicht betrügen). Ihnen steht das wichtigste Gebot gegenüber, nämlich das zehnte Gebot:* **du sollst nicht begehren**. *- Ich setze einen solchen Akzent, weil dieser Aspekt der Gesetzeskritik des Paulus gewöhnlich völlig vernachlässigt wird.*[22]

Wie wichtig das zehnte Gebot auch für andere Autoren ist, unterstreiche ich ebenfalls im eben zitierten Buch:

> *Damit wird eine andere Dimension der Ethik offenkundig. Mit dem Bewusstsein der Grenzen - sei es der Tod, sei es der Zugang zu Welt - erscheint der andere Mensch als eine Grenze. Ihn zu beseitigen, erscheint so als eine Überwindung der Grenze des Zugangs zur Welt, sofern der Andere deren Besitzer ist (dies ist der Inhalt des zehnten Gebotes, sowohl René Girard als auch Jacques Lacan halten es für das wichtigste Gebot des Dekalogs).*[23]

[22] Franz Hinkelammert, Der Fluch, der auf dem Gesetz lastet - Paulus von Tarsus und das kritische Denken. Luzern 2011, 74/75.

[23] a.a.O., 297.

Paulus versteht das zehnte Gebot in einer weit umfassenderen Bedeutung, als nur im Sinne eines einzelnen Gebotes. Daher formuliert er es um:

> *Lasst euch nicht vom Fleisch anleiten, indem ihr euch der Gier ausliefert. (Röm 13,14)*

Daher lassen sich zwei verschiedene Weisen unterscheiden, wie die erwähnten Gebote (nicht töten, nicht stehlen, nicht betrügen) erfüllt werden können. Die eine besteht darin, sich vom Fleisch bestimmen zu lassen, das heißt, der Gier anheimzufallen und dadurch das Gebot zu verletzen, selbst wenn hier formal das Gebot nicht verletzt wird. Die andere Weise besteht darin, den Körper vom Fleisch zu befreien und dem menschlichen Leben zu dienen (im Verständnis des Paulus bezeichnet das Wort „Fleisch" üblicherweise eine negative Existenzweise, also den Körper der Gier auszuliefern.) Dem Fleisch, das sich der Gier ausliefert, stellt Paulus die körperliche Befreiung gegenüber. Davon spricht er ausdrücklich in Röm 8,23[24]. Durch diese Befreiung lässt der Körper die Gier hinter sich. Liefert man jedoch den Körper der Gier aus, muss man – rein legalistisch betrachtet – keineswegs das Gesetz verletzen.

Auch Karl Marx unterscheidet diese beiden Verhaltensweisen gegenüber dem formalen Gesetz. Er sieht den Unterschied in der Verschiedenheit der Warenproduktion: Er unterscheidet die einfache Warenproduktion und die erweiterte (kapitalistische) Warenproduktion. Diese Unterscheidung stellt für ihn kein ethisches Problem dar, sondern ein Problem zur Strukturierung der Wirtschaft, als Wirtschaft mit bzw. ohne Geldgebrauch. Diese Unterscheidung ist heutzutage obsolet geworden, weil keine Form des Sozialismus, die sich entwickeln will, von Geld und Markt absehen kann. Damit wird zugleich verständlich, warum die heutige marxistische Debatte selbst die Frage als ein ethisches Problem behandelt.[25]

---

24 Paulus sagt: „[Wir] warten darauf, dass wir mit der Erlösung unseres Leibes als Söhne [und Töchter Gottes] offenbar werden.".

25 Vgl. Sarah Wagenknecht, Sahra: Reichtum ohne Gier. Wie wir uns vor dem Kapitalismus retten, Frankfurt a/M 2016. Ebenfalls Ulrich Duchrow/Franz Hinkelammert, Transcen-

Zusammengefasst: Gier ist die wirksame Form von Marktfrömmigkeit und von frömmlerischem Verhalten gegenüber irdischen Göttern. Im Marxschen Vokabular trifft man auf diese Götter vor allem im Markt, im Geld und im Kapital. Der junge Marx hat damit angefangen, von irdischen Göttern zu sprechen, und zugleich gegen Feuerbach den Vorwurf erhoben, sich nur mit himmlischen Göttern zu beschäftigen. Später bezeichnete er die irdischen Götter als Fetische. Aber auf alle Fälle bleiben sie für Marx Götter, wenn auch eher im Sinne von falschen Göttern bzw. Götzen. Marx hat gegen diese falschen Götter nie irgendeinen wahren Gott in Stellung gebracht, sondern die falschen Götter stets als Gegner jenes Menschen gesehen, der das höchste Wesen für den Menschen ist. Marx hält diese Götter für falsch, weil sie sich weigern, den Menschen als Zentrum und Mitte jeglichen Verhältnisses zur Menschwelt anzuerkennen, und damit als Mitte und Zentrum aller Institutionen, mit denen der Mensch in Beziehung tritt. Für Marx kann keine Institution den Anspruch erheben, ein höchstes Wesen zu sein. Für das neoliberale Denken jedoch sind, wie wir bei unserer Analyse der Äußerungen von Hayek feststellten, die Institutionen des Marktes das höchste Wesen, das den Menschen aus der Mitte verdrängt und ihn seiner Logik unterwirft. Daher kann man sie nur als Götzen bzw. falsche Götter bezeichnen.

Das bedeutet jedoch, die irdischen Götter dürfen nicht so behandelt werden, wie Feuerbach die himmlischen bzw. transzendenten Götter behandelt. Himmlische Götter existieren nur solange, als Menschen daran glauben, dass es sie gibt. Wenn man nicht an sie glaubt, gibt es sie auch nicht. Davon ist auch Marx überzeugt. Aber ihn unterscheidet von Feuerbach eben die Wahrnehmung der irdischen Götter. Deren Existenz hängt nicht davon ab, ob man an sie glaubt oder sie leugnet. Sie existieren, sobald der Mensch sich so verhält, dass er ihnen sein Leben ausliefert, und sei es, dass er das körperliche Leben der Gier ausliefert. Der Gier folgen heißt an den Markt glauben, ans Geld und ans Kapital. Das ist ein real wirksamer Glaube. Das ist ein Glaube, der zwar kein

---

ding Greedy Money: Interreligious Solidarity For Just Relations. Palgrave Macmillan. New York, 2012.

Glaubensbekenntnis zur Grundlage haben muss, und dennoch oftmals hat. Ein Beispiel: Sogar der Chef der US-amerikanischen Bank Goldman-Sachs behauptete, dass er durch seine Arbeit „ein Werk Gottes verrichte". (FAZ v. 9.11.2009)[26] Solche Glaubensbekenntnisse haben jedoch keinerlei Relevanz für das Wirtschaftsleben. Vielmehr wird der Glaube letztlich dadurch wirklich getan, dass man die Gier zum Maßstab der Wirtschaftsethik erhebt.

Diese Art Glauben ist für Karl Marx der Glaube an einen Fetisch. Fetische sind Götter, die zwar keine metaphysische bzw. ontologische Existenz besitzen, aber sich dennoch im menschlichen Handeln auswirken. In Worten von Karl Marx: „Sie werden hinter dem Rücken der Produzenten produziert!" Sogar Hayek trifft eine ähnliche Unterscheidung. Im obigen Zitat, in dem er seine Marktreligion bekennt, macht er den Unterschied klar, indem er darauf besteht, dass er den „Animismus, der noch die Religion beherrscht", nicht übernimmt.

Das bedeutet nur, dass er die metaphysischen bzw. ontologischen Fragestellungen, die religiöse Thesen behandeln, nicht übernimmt. Aber das ist völlig nebensächlich. Seine Thesen sind erkennbar religiöse Feststellungen, die zu einer bestimmten Frömmigkeit anstiften wollen und den gesamten Neoliberalismus zu einem gigantischen Götzendienst verzaubern. Die Voraussetzung dafür jedoch ist, dass man den Markt für einen Fetisch hält. Daran erkennt man den fantastischen Aberglauben, ja sogar eine Art von Blasphemie.

Es lässt sich nicht übersehen, dass Hayeks Marktreligion als simple Verkehrung der Religionskritik gedeutet werden kann, die für Karl Marx der Ausgangspunkt war. Marx entlarvt die falschen Götter, gegen die er den Menschen selbst als das höchste Wesen für den Menschen in Stellung bringt. Hayek dagegen erklärt diese Götter zu den einzig wahren Göttern, denen der Mensch gehorsam zu sein hat, indem er sein ganzes Leben der Logik der Institutionen von Markt, Geld und Kapital unterwirft.

---

[26] http://www.faz.net/aktuell/wirtschaft/unternehmen/goldman-sachs-chef-blankfein-ich-bin-ein-banker-der-gottes-werk-verrichtet-1886316.html. Letzter Zugriff am 19.04.2017.

Bemerkenswerterweise führt diese religiöse Haltung des Neoliberalismus, die das menschliche Verhalten dem Diktat der Gier unterwirft, schließlich nicht zu einer Art Materialismus, sondern zu einem extremen Idealismus. Alles ist Geist, aber eben Geist vom Geiste des Marktes, des Geldes und des Kapitals. Die hier dargestellten Positionen von Friedman und Hayek sind alle bereits im Werk von Ludwig von Mises zu finden, dem Gründer der neoliberalen Bewegung.

Das religiöse Gefüge des Neoliberalismus hebt schließlich sogar alle Menschenrechte auf. Sobald ein Neoliberaler von Menschenrechten spricht, hat er stets die Menschenrechte im Sinne, die den Menschen als Marktteilnehmer betreffen. Auf dieser Grundlage bewegen sich die Neoliberalen. Im Grunde folgen sie der Tradition von Hobbes, der das *commonwealth* (das gesellschaftliche System, das Staat und Markt umfasst) zum sterblichen Gott erklärt, der dem ewigen Gott im Himmel untertan ist. Ihm gab er den Namen Leviathan, dessen Blut das Geld ist. Die bürgerliche Gesellschaft hat sich in der Tat stets als dieser sterbliche Gott verstanden.

8. Der neoliberale Dogmatismus und die „Feinde" seiner Gesellschaft

Die Neoliberalen akzeptieren kaum eine Debatte mit anderen Denkströmungen. In der Sowjetunion betrachtete man das Denken im Westen als bürgerliche Theorie bzw. als bürgerliches Denken. In der sog. „freien Welt" redete man über das sowjetische Denken ganz anders. Man bezeichnete es nicht als sowjetisches bzw. marxistisches Denken, sondern weigerte sich schlicht, alles marxistische Denken überhaupt als wissenschaftlich anzuerkennen. So Karl Popper, der das marxistische Denken als unwissenschaftlich abtat. Poppers Theorie muss man möglicherweise als schlimmsten Dogmatismus der Menschheitsgeschichte bezeichnen. Er deklarierte nicht, dass das marxistische Denken falsch sei, sondern behauptete, dass es nicht einmal wissenschaftlich sei. Ausschließlich Poppers Denken – also die Falsifizierung wissenschaftlicher Behauptungen – könne wissenschaftlichen Charakter beanspruchen. Deshalb lasse sich über jedes andere wissenschaftliche Denken nicht einmal ernsthaft diskutieren. Fast die gesamte „freie Welt" übernahm diese Position und beschränkte sich in ihrem eigenen Denken darauf, mit bemühter Kunstfertigkeit „Falsifizierung" nachzuweisen. Im Kontext dieser Art des Denkens verstieg sich Popper zu einer Behauptung, die ihm fast überall Applaus einbrachte:

> *Die Hybris, die uns versuchen lässt, das Himmelreich auf Erden zu verwirklichen, verführt uns dazu, unsere gute Erde in eine Hölle zu verwandeln - eine Hölle, wie sie nur Menschen für ihre Mitmenschen verwirklichen können.*[27]

Gewiss kann der Versuch, den Himmel auf Erden zu verwirklichen, die Erde in eine Hölle verwandeln. Aber darauf zu verzichten, den Himmel auf Erden anzustreben, führt mit Sicherheit dazu, die Hölle auf Erden zu verwirklichen. Im Zuge der heutigen Globalisierungsstrategie, die nicht zulässt, dass man überhaupt eine Alternative bzw. eine andere Welt anstrebt, sind wir gerade dabei, die Hölle auf Erden zu schaffen.

Dieser Anti-Utopismus Poppers wurde nach Amtsantritt der Reagan-Administration umformuliert. Reagan war ein Bündnis mit dem apokalyptischen Fundamentalismus eingegangen, der sich höchst utopistisch gab. Damit war klar, dass sogar Konservative auf Utopien setzten. Also konnte der Anti-Humanismus nicht mehr einfach anti-utopistisch bleiben, wie Popper ihn konzipiert hatte.

In die gleiche Richtung zielte die Vorstellung der apokalyptischen Fundamentalisten vom „Anti-Christ". Als sich Anfang der 90er Jahre der Fundamentalismus in der „Left behind"-Bewegung neu formierte, wurde der Anti-Christ beim UNO-Generalsekretär ausgemacht, weil er für den Weltfrieden und für ausreichende Ernährung aller Menschen eintrat. Schlimmeres konnte man nach Überzeugung der Fundamentalisten nicht vorschlagen, weil es mit Sicherheit in die Katastrophe führe. Wer so etwas vorschlägt, kann für die apokalyptische Rechte nur ein abgrundtief schlechter Mensch, also nur der Anti-Christ sein.

[27] Karl R. Popper, Das Elend des Historizismus. 6. durchges. Aufl., Tübingen 1987, VIII.

Die gleiche Mentalität offenbarte danach die Manager-Sprache der multinationalen Konzerne. In Deutschland betrachtete man die „Gutmenschen" als eine Gefahr für Wirtschaft und Gesellschaft. „Gutmenschen" sind all jene, die aus humanistischem Verständnis von Gesellschaft und zwischenmenschlichen Beziehungen die Kontrolle über wirtschaftliche Mechanismen ausüben und in sie intervenieren wollen. Auch solche Menschen gelten als Anti-Christ, weil es als typisch für den Anti-Christen gilt, dass er Frieden und Nahrungssicherheit für alle Menschen auf der Erde verwirklichen will. Also sind die „Gutmenschen" eine echte Gefahr. Im Gegensatz zu diesen verstehen die Konzernmanager den Menschen im wesentlichen als Humankapital und fördern deshalb die „Ich-AG". Wenn jeder einzelne Mensch sich als Aktiengesellschaft betrachtet und eine „Ich-AG" bildet, wird das mit Sicherheit die beste aller möglichen Welten herbeiführen. Dieser Leitidee liegt die These zugrunde, dass der Markt für alle und alles die bestmögliche Lösung findet. Wer den Markt zu regulieren sucht, macht es geradezu unmöglich, das Bestmögliche zu erreichen. Durch ein solches Gesellschaftsverständnis werden alle Menschenrechte außer Kraft gesetzt. Sie gelten nur für einen einzigen Fall, und zwar zur Legitimation von Kriegen.

Sobald ich davon höre, dass der Mensch zum Humankapital reduziert wird, kommt mir eine Erinnerung an das Jahr 1944 in Nazi-Deutschland in den Sinn. Als Kinder liefen wir häufig zum Bahnhof unserer Stadt, um die gigantischen Lokomotiven zu bestaunen, die vorbeifuhren. Diese würden wir gern selbst in Zukunft als Lokomotivführer lenken. Eines Tages sah ich, dass auf dem Kohlenwagen der Lokomotive der Text geschrieben stand: „Der Endsieg ist uns sicher. Wir haben das bessere Menschenmaterial".

Heutzutage spricht man zwar nicht mehr vom Menschenmaterial, sondern vom Humankapital, aber die Bedeutung ist dieselbe und die darin versteckte Unmenschlichkeit ebenso. Sobald ich das Wort Humankapital höre, kommt mir das Wort Menschenmaterial in den Sinn.

Im gegenwärtigen „Welt-Theater" tritt „der Gegenwille als Krankheitssymptom" (Freud) in Erscheinung, nämlich das Selbstmord-Attentat. Da greift jemand zur Waffe, tötet viele, die er nicht kennt, und bringt sich dann selbst um. Das geleugnete Subjekt verhält sich nicht mehr als „Humankapital", sondern als ein Abgrund, in dem das Subjekt sein eignes Grab findet. Aber Selbstmord-Attentäter offenbaren zugleich eine nicht zu leugnende Wahrheit, die man jedoch nicht aussprechen will, nämlich dass jeder Mord Selbstmord ist. Diese Wahrheit ist die einzig wahre Reaktion auf die heutige Moderne, die man als Globalisierung bezeichnet.[28] Aber niemand spricht diese Wahrheit aus. Die Globalisierung selbst hat sich zu einem gigantischen Selbstmord-Attentat ausgebildet. Ganze Bevölkerungen und die Natur werden umgebracht. Am Ende können sich schließlich auch jene selbst umbringen, die diesen Prozess in Gang gesetzt haben und halten. Das ist heutzutage unser „Menetekel". Der Zusammenbruch des Nazi-Imperiums hatte bereits eine ähnliche Physiognomie. Seine drei Hauptagenten Hitler, Göbbels und Göring schickten die halbe Welt in den Tod, um sich schließlich auch selbst umzubringen.[29] Die vielen Selbstmordattentate führen uns fast tagtäglich das Weltprojekt vor Augen, das die Globalisierungsstrategie in sich birgt. Sie sind keine islamischen Sonderfälle. Sie machen vielmehr stets von neuem darauf aufmerksam, was wir auf der Welt wirklich mit dem in Gang befindlichen Globalisierungsprojekt anstellen, das vom Neoliberalismus inspiriert ist. Emile Cioran, einer der Lieblingsautoren der Globalisierungsstrategen, spricht unverblümt darüber:

> *Da die Katastrophe die einzige Lösung ist, ist es gerechtfertigt, sich zu fragen, ob es nicht im Interesse der Menschheit ist, sich jetzt auszulöschen, anstatt sich mit Warten zu erschöpfen und zu erschlaffen, indem sie sich einer langwierigen Agonie aussetzt, in der sie jeden Ehrgeiz verlieren könnte, sogar denjenigen, zu verschwinden.*[30]

---

28 Franz Hinkelammert, El sujeto, el anti-sujeto y el retorno del sujeto (interculturalidad y fundamentalismo). In: Franz Hinkelammert, El asalto al poder mundial y la violencia sagrada del imperio. DEI. San José, 2003.

29 Goebbels hatte das bereits zuvor angekündigt: „Wenn wir von dieser Weltbühne abtreten müssen, werden wir die Tür zuschlagen, dass der Erdkreis erzittert". Diesen Satz könnten wir auch als Überschrift über die Globalisierungsstrategie schreiben.

30 Thomas Assheuer, Die elegische Viper. Zum Tode des großen Apokalyptikers Emile M. Cioran., in: Frankfurter Rundschau vom 21.6.95. Vgl. auch Emile M. Cioran, Die Verfehlte Schö-

Wenn man heute von „Populismus" redet, verwendet man den Terminus häufig als Vorwurf gegen jemanden. Insbesondere redet man vom „Populismus der Linken", sobald sie auf Menschenrechte pochen. Denn für die herrschende neoliberale Ideologie gibt es keine Menschenrechte. Wer sie beansprucht, beweist, dass er zu den „schlechten Menschen" gehört. Bush erkannte in solchen Menschen gleich das „Antlitz des Bösen" (*the evils face).* Menschenrechte können nur dann legitim in Anspruch genommen werden, wenn es darum geht, einen weiteren Krieg des Westens, der sich für die „freie Welt" hält, zu legitimieren.

Der „Populismus" der Rechten spielt keine so wichtige Rolle, weil er Menschenrechte nicht beansprucht, sondern ablehnt. Deshalb ist er eher mit der Linie der herrschenden Ideologie vereinbar. Diese bereut nie die bereits geführten Kriege. Sie bereut nur die nicht geführten Kriege. Bereits Hitler hatte den Dogmatismus des Neoliberalismus treffend resümiert:

> *Bei uns ist der Jude gekommen. Er hat die bestialische Idee gebracht, dass das Leben seine Fortsetzung im Jenseits findet: Man kann das Leben im Diesseits ausrotten, weil es im Jenseits weiterblüht... Unter dem Motto Religion hat der Jude die Unduldsamkeit dahin gebracht, wo vorher nichts als Toleranz, wahre Religion war... Der gleiche Jude, der damals das Christentum in die antike Welt eingeschmuggelt und diese wunderbare Sache umgebracht hat, er hat nun wieder einen schwachen Punkt gefunden: das angeschlagene Gewissen unserer Mitwelt...*
>
> *Ein Friede kann nur kommen über eine natürliche Ordnung. Die Ordnung setzt voraus, dass die Nationen sich so ineinanderfügen, dass die Befähigten führen. Der Unterlegene erhält damit mehr, als er aus eigenem würde erreichen können. Durch das Judentum wird diese Ordnung zerstört. Der Bestie, der Niedertracht, der Dummheit verhilft es zum Sieg... Wir dürfen deshalb nicht sagen, dass der Bolschewismus schon überwunden ist. Je gründlicher aber die Juden herausgeworfen werden, desto rascher ist die Gefahr beseitigt. Der Jude ist ein Katalysator, an dem sich die Brennstoffe entzünden.*[31]

---

pfung, Frankfurt 1979, 550: „Man kann gewiss sein, dass das 21. Jahrhundert, das weit fortgeschrittener sein wird als das unsere, in Hitler und Stalin harmlose Sängerknaben sehen wird."

[31] Henry Picker, Hitlers Tischgespräche, Berlin 1989, 106/107.

9. Der Brudermord im Denken von Karl Marx

Wenn es uns heute darum geht, das Projekt für das Leben auf der Grundlage der Verurteilung und Verhinderung des Brudermords zu retten, dann müssen wir uns zweifellos wieder in Karl Marx vertiefen. Unbestreitbar rückt Marx den Brudermord ins Zentrum seines Projektes, aber eben als einen Gründungsmythos, den es aufzugeben gilt. Bereits in einer seiner ersten Schriften kommt er darauf zu sprechen, und zwar in der Einleitung zur Kritik der Hegelschen Rechtsphilosophie. Er publiziert sie in der Zeitschrift „Deutsch-französische Jahrbücher" von 1844. Darin behandelt er das Thema ganz klassisch:

> *Die Kritik der Religion endet mit der Lehre, dass der Mensch das höchste Wesen für den Menschen sei, also mit dem kategorischen Imperativ, alle Verhältnisse umzuwerfen, in denen der Mensch ein erniedrigtes, ein geknechtetes, ein verlassenes, ein verächtliches Wesen ist.*[32]

Marx bezeichnet hier als kategorischen Imperativ eben genau das Gebot, den Mitmenschen (den Bruder/die Schwester) nicht umzubringen, „alle Verhältnisse umzuwerfen, in denen der Mensch ein erniedrigtes, ein geknechtetes, ein verlassenes, ein verächtliches Wesen ist."

Diese Marxsche Formulierung hat ganz bedeutende Vorläufer im Laufe einer langen Geschichte der Konfrontation mit jeder Gesellschaftsformation, die auf dem Brudermord gründet. Zwei berühmte Beispiele will ich hier zitieren. Beide entstammen der jüdischen Tradition. Das erste Beispiel ist beim Propheten Jesaja aus dem 8. Jahrhundert vor unserer Zeitrechnung zu finden:

> *Der Geist Gottes, des Herrn, ruht auf mir; / denn der Herr hat mich gesalbt. Er hat mich gesandt, damit ich den Armen eine frohe Botschaft bringe / und alle heile, deren Herz zerbrochen ist, damit ich den Gefangenen die Entlassung verkünde / und den Gefesselten die Befreiung, damit ich ein Gnadenjahr des Herrn ausrufe, / einen Tag der Vergeltung unseres Gottes, / damit ich alle Trauernden tröste, die Trauernden Zions*

32 Karl Marx, Zur Kritik der Hegelschen Rechtsphilosophie, in: MEW 1, Berlin 1972, 385.

> *erfreue, / ihnen Schmuck bringe anstelle von Schmutz, Freudenöl statt Trauergewand, / Jubel statt der Verzweiflung.*
> *(Jesaja 61,1-3)*

Das zweite Beispiel entnehme ich dem Lukas-Evangelium. Lukas lässt hier Jesus den Jesaja-Text zitieren, aber verändert ihn ein wenig:

> *Der Geist des Herrn ruht auf mir; / denn der Herr hat mich gesalbt. Er hat mich gesandt, / damit ich den Armen eine gute Nachricht bringe; damit ich den Gefangenen die Entlassung verkünde / und den Blinden das Augenlicht; damit ich die Zerschlagenen in Freiheit setze und ein Gnadenjahr des Herrn ausrufe.*
> *(Lukas 4,18-19)*[33]

Diese prophetischen Texte proklamieren dasselbe, was Marx im zweiten Teil seiner Formel zum Ausdruck bringt. Es geht in der Tat darum, den faktisch geschehenden Brudermord als Gründungsmord aufzudecken und aus dieser Enthüllung die notwendigen Konsequenzen für die Sicherung des Lebens zu ziehen. Eben das meint Marx, wenn er dazu auffordert, „alle Verhältnisse umzuwerfen, in denen der Mensch ein erniedrigtes, ein geknechtetes, ein verlassenes, ein verächtliches Wesen ist. "

Es gibt jedoch einen höchst bedeutungsvollen Unterschied, den Marx im ersten Teil seiner Formulierung zur Sprache bringt, wenn er die „Lehre“ erwähnt, „*dass der Mensch das höchste Wesen für den Menschen sei*“. Marx denkt hier daran, dass die Menschheit die Überzeugung teilt,

---

33 Für den apokalyptischen Fundamentalismus ist - wie wir bereits bedachten - diese messianische Proklamation der reine Antichrist. Damit wird Jesus selbst zum Antichristen, zum Luzifer. Carl Schmitt identifiziert den von Paulus in 2. Thess erwähnten „Katechon“ - d.h. jene Macht, die das Kommen des Antichristen verzögert - mit dem Imperium. Hier bekämpft die Anti-Utopie erneut den Anti-Christ. Aus der Perspektive der Anti-Utopie wird alles ins Gegenteil verkehrt. Für Paulus selbst jedoch ist der "Katechon" eben die messianische Proklamation. Sie eint die ganze Welt von innen her und bekämpft auf solche Weise den Antichrist. Der „Katechon“ ist für Paulus in den ersten Kapiteln des ersten Korintherbriefes auch „die Weisheit Gottes“, die mit der Weisheit der Welt im Konflikt steht. In diesen Kapiteln erarbeitet Paulus ein Spiel der Verrücktheiten: Die Weisheit Gottes gilt aus der Sicht der Weisheit dieser Welt als Verrücktheit, während die Weisheit dieser Welt aus der Sicht der Weisheit Gottes als Verrücktheit betrachtet wird. Die Weisheit Gottes ist Gottes Verrücktheit.

dass der Mensch das höchste Wesen für den Menschen ist, während die beiden Propheten-Zitate nicht die Menschheit als Subjekt vor Augen haben, sondern einen einzelnen Menschen, der von sich sagt: „Jahwe hat mich gesalbt". Möglicherweise ist hier der Messias gemeint.

Marx greift sehr viel später die Problematik vom „Brudermord als Gründungsmord", von dem aus sich die Gesellschaft begreift, wieder auf, und zwar an einer sehr bezeichnenden Stelle, nämlich am Schluss der von ihm selbst betreuten ersten Edition des „Kapitals" aus dem Jahre 1867. Zu dieser Zeit umfasst das Buch nur einen einzigen Band. Erst nach dem Tode von Marx fügt Friedrich Engels nicht veröffentlichte Manuskripte von Marx hinzu und erweitert dadurch „Das Kapital" um zwei Bände. Ich zitiere hier jetzt den Text, der sich am Ende seiner „Kritik der politischen Ökonomie" findet. Diese Edition umfasst 25 Kapitel, aber die Kapitel 24 und 25 stellen nur einen Anhang zur Geschichte des Kapitalismus dar, insbesondere zur sogenannten „ursprünglichen Akkumulation". Mit dem Kapitel 23 schließt Marx also seine Kritik der politischen Ökonomie eigentlich ab. Das Zitat, das mich hier interessiert, umfasst die letzten Sätze, mit denen Marx seine Hauptanalyse im Kapitel 23 beschließt. Es lässt sich also nicht übersehen, dass der Ort, an dem das Zitat zu finden ist, nämlich der Schlussabschnitt der theoretischen Analyse im wichtigsten Werk, das Marx noch persönlich editiert, eine höchst symbolische Bedeutung besitzt:

> *Und gegenüber der alten Seekönigin erhebt sich drohend und drohender die junge Riesenrepublik: „Acerba fata Romanos agunt, Scelusque fraternae necis".*[34]

Marx selbst übersetzt das lateinische Horaz-Zitat nicht ins Deutsche. Spätere Fehlübersetzungen haben nur Verwirrung hervorgerufen. Richtig übersetzt müsste das Zitat lauten: „Bitteres Verhängnis treibt die Römer um: die Missetat des Brudermords". Wenn wir aus dem Horaz-Gedicht zwei weitere Zeilen hinzufügen, die Marx nicht erwähnt, wird unsere Übersetzung bestätigt:

---

[34] Karl Marx, Das Kapital, in: MEW Bd. 23, Berlin 1975, 740.

> *ut inmerentis fluxit in terram Remi sacer nepotibus crúor.*
> *Und übers Haupt der Enkel kommt des Remus Blut, das schuldlos einst zur Erde floss.*

Während Horaz im ersten Satz vom bitteren Verhängnis sprach, macht er hier im zweiten Satz einen Fluch für die Nachkommen daraus. Marx greift diesen Gedanken von Horaz auf, um den Brudermord aufzudecken. Aber er denkt erheblich weiter, als Horaz wahrscheinlich im Sinne hatte. Horaz bezieht sich auf Romulus und Remus und verweist damit auf den römischen Bürgerkrieg, den er gerade erlebt. Horaz grenzt den Begriff des Bruders auf Volkszugehörigkeit ein, für ihn also auf das römische Volk. Damit wird der Mord an einem Römer zum Brudermord, während die Ermordung eines Galliers oder eines Germanen kein Brudermord ist. Demgegenüber entgrenzt Marx den Begriff des Bruders, weil er zweifellos alle Menschen als Brüder (und Schwestern) betrachtet, und deshalb jeden Mord als Brudermord denunziert. Diesen universalen Bruderbegriff unterstellt nun Marx auch Horaz. In unserer abendländischen Tradition beziehen wir uns beim Gedanken an den Brudermord eher auf den Mythos von Kain und Abel. Wir können also jetzt auch den Schluss daraus ziehen, dass Marx den Horaz-Text im Licht des Mythos von Kain und Abel deutet. Oder anders gesagt: im Licht des universalen Brudermords, der in unserer Tradition üblicherweise im Mythos von Kain und Abel dargestellt wird.

Marx spricht also vom Brudermord, verwendet jedoch den Text von Horaz, um den Brudermord zu deuten. Dieses wichtige Ergebnis gilt es festzuhalten. Es beweist, dass Marx die menschliche Gesellschaft anklagt, auf dem Brudermord als Gründungsmord aufgebaut zu sein. Darüber hinaus beweist die Einordnung dieser Anklage am Ende seines Hauptwerkes „Das Kapital", dass er sein ganzes Denken und Werk aus der Sicht der Anklage des Brudermords als Gründungsmord gedeutet wissen will. Also müssen auch wir das Werk im Licht der kulturellen Tradition des Judentums deuten. Diese Deutung steht im offenen Konflikt zu der Interpretation, mit der Freud die okzidentale Gesellschaft deutet, wenn er ihr den Vatermord als Gründungsmord unterstellt. Freud verfehlt in seiner Analyse die Tradition des Judentums und deren Deutung vom Gründungsmord.

Marx bezieht sich nur indirekt auf Kain, und zwar weil er sich nicht, wie ich vermute, nur an eine bestimmte Tradition gebunden wissen möchte, und weil er auch Imperium bzw. Herrschaft mitbedenken möchte, die zwar ihrerseits auch den Brudermord beklagen, aber ihn zugleich begehen, indem sie jeden Brudermord verfolgen, um ihn zu beenden. Das spielt bereits vor Freud`s Zeiten eine Rolle.[35] Auffällig jedoch ist, dass Herbert Marcuse diesen Zusammenhang nicht erkennt, obwohl er Psychoanalyse und Marxismus miteinander in Verbindung bringen will; ebensowenig Erich Fromm, während Marx ihn klar zu erkennen scheint. Aber ebenso auffällig ist, dass Pinochet nach dem Militärputsch in Chile behauptete, dass alle Subversiven Vatermörder seien.

Interessant ist ferner, dass Marx im obigen Zitat „die alte Seekönigin“ (in der Antike Rom, zu Marx Lebzeiten England, für uns heute die USA) und die „junge Riesenrepublik“ gegeneinander stellt. In der „jungen Riesenrepublik“ erkennt er die von unten her organisierte Zivilgesellschaft, die sich aber nur dann als Republik konstituieren kann, wenn sie den Brudermord nicht als ihren Gründungsmythos übernimmt. Bis dahin handelt es sich um Emanzipationsbewegungen.

10. Von der Befreiung der Unterdrückten zur Befreiung der Unterdrücker

Auch die Unterdrücker müssen befreit werden. Das kann nur geschehen auf der Basis der Einsicht: Ich bin, wenn du bist! Den anderen Menschen ins eigene Leben einzubeziehen, stellt kein Opfer mehr da, sondern gehört zur Selbstverwirklichung. Ich bin zwar, was ich tue, aber ich bin immer auch beim anderen, und der andere in mir. Sein, was ich bin, bedeutet also nicht – wie Nietzsche meinte – sich auf sich selbst zu konzentrieren und in diesem Sinne mich selbst als Individuum

[35] Zum Beispiel im Drama von Friedrich Schiller: Wilhelm Tell. Da geht es um die Problematik von Vatermord und Sohnesmord.

mit meinem Willen zur Macht selbst zu verwirklichen. Ich selbst sein bedeutet vielmehr: ich bin, wenn du bist. Aber fast alle Unterdrücker glauben, nicht befreit werden zu müssen. Ihre Befreiung ist noch nicht möglich, höchstens potentiell möglich.

Die Unterdrücker von ihrem Dasein als Unterdrücker befreien zu wollen, ruft heutzutage eher Hohngelächter hervor. Die Leute, die das hören, sterben eher vor Lachen. An diesem Lachen zu sterben, ist nicht nur möglich, sondern sogar wahrscheinlich.

Aber man findet auch Ausnahmen, insbesondere unter Poeten und Schriftstellern. In den zwanziger Jahren des 20. Jahrhunderts in Deutschland zum Beispiel Erich Kästner und wenig später Bert Brecht.

Die Befreiung der Unterdrücker selbst wird nur dann denkbar, wenn man lernt, die Welt im Licht der Kritik am Brudermord als Gründungsmord zu betrachten. Solange man den Vatermord als Gründungsmord ansieht, installiert man das Gesetz als absolute Größe, das der Handhabung durch ein Über-Ich zur Verfügung steht. Dann wird der Wettbewerb zur einzigen Regulierungsgröße; dieser wiederum bedeutet, dass sich die gesamte Gesellschaft dem Willen zur Macht unterwirft. Menschenrechte gelten nicht mehr, sie werden vielmehr durch die Rechte des Marktes ersetzt. Dahin verleitet das pure Gesetzesdenken. Selbstverwirklichung geschieht nach Nietzsches Devise: Ich bin, wenn ich dich besiege. Der überzeugendste Beweis dafür, dass ich frei bin, besteht darin, Sklaven zu haben. Im Zarathustra mahnt Nietzsche: Wenn du zur Frau gehst, vergiss die Peitsche nicht. Das heißt, ich beweise meine Männlichkeit dadurch, dass ich die Frau mit der Peitsche gefügig mache. Solange es uns nicht gelingt, gegen solche Unterdrückung die Befreiung der Unterdrücker in Gang zu bringen, bleibt alle Befreiung der Unterdrückten provisorisch. Das haben die USA mit der Aufhebung der Sklaverei bewiesen. Die Folge war die „Rassentrennung", eine Apartheid, die bis in die 50er Jahre des 20. Jahrhunderts währte und einen Rassismus hervorrief, der sich bis heute übermächtig auswirkt. Die Sklavenhalter haben sich eben nicht befreit, so dass die Aufhebung der Sklaverei nach mehr als einem Jahrhundert immer noch nicht vollendet ist. Die Neoliberalen von heute akzeptieren nicht einmal die

Aufhebung der Sklaverei; sie behaupten vielmehr, sie sei illegitim, weil sie nur durch einen Eingriff des Staates in die Freiheit des Marktes durchgesetzt wurde. Auch bei den neoliberalen Gurus Milton Friedman und Friedrich A. Hayek sind solche Reserven anzutreffen.

Haiti scheint ein paradigmatischer Fall zu sein. Auch hier war die Befreiung der Sklaven nicht verbunden mit einer Befreiung der Sklavenhalter. Sie blieben Sklavenhalter, allerdings ohne Sklaven. Wo sie konnten, ruinierten sie die Haitianer und töteten auf grausame Weise den großen haitianischen Sklavenbefreier Toussaint Louverture. Sie verlangten hohe Abfindungen für die Sklaven-„Enteignung“ – eine Enteignung von Privatkapital – und setzten sie durch, indem sie mit einer totalen Blockade, die tödliche Folgen haben würde, drohten. So arrangierten sie, dass es Haiti mit seiner Sklavenbefreiung schlechter ging als ohne. Es wäre ihnen niemals eingefallen, dass die Haitianer für die Versklavung vieler Generationen zumindest eine ganz hohe Abfindung hätten verlangen können.

Als vor einigen Jahren ein starkes Erdbeben in Haiti viele Menschenleben forderte, behaupteten Fundamentalisten aus den USA, die sich Christen zu nennen anmaßten, öffentlich, ohne öffentlichen Widerspruch hervorzurufen, dass das Erdbeben Gottes Strafe sei für die Sklavenbefreiung zu Zeiten der Französischen Revolution, also zweihundert Jahre zuvor. Ein solches Denken ist in der Oberklasse der sog. Modelldemokratien weit verbreitet.

Ähnliches geschieht mit der Frauen-Befreiung. Auch in ihr gibt es durchweg keine Befreiung der Unterdrücker, also der Männer. Hier und da mag es geschehen sein. Aber bemerkenswert bleibt, dass viele Männer eigentlich die vorherige Situation zurückersehnen und dann, weil es ihnen nicht gelingt, zur Gewalt greifen. Seit vor allem mit der Rebellion von 1968 die Frauen-Befreiung große Erfolge erzielen konnte, haben die Fälle innerfamiliärer Gewalt, die zumeist von Männern ausgeht, erheblich zugenommen. Die Männer werden sogar zu Selbstmordattentätern, sie töten die Frau, oftmals auch die eigenen Kinder und bringen sich dann schließlich selber um.

Der Neoliberalismus ist ebenfalls eine Bewegung dieses Typs. Die Wirtschaft nach dem II. Weltkrieg vor allem in Westeuropa war davon geprägt, dass systematisch in die Märkte eingegriffen wurde. Deshalb war sie sehr erfolgreich. Bis weit in die 70er Jahre des letzten Jahrhunderts hinein ließ sich die Politik der wirtschaftlichen Entwicklung weltweit von dieser Art des Wirtschaftens inspirieren. Die herrschenden Klassen dieser Länder verloren weitgehend ihre zuvor geübte willkürlich agierende Macht. Diesen Verlust akzeptierten sie, weil sie es für notwendig hielten, den Kalten Krieg mit der Sowjetunion zu gewinnen. Aber auch sie haben sich niemals selbst befreit - ebenso wenig wie die Unterdrücker. Nachdem sie spürten, sie würden den Kalten Krieg gewinnen, forderten sie die vorherige Willkürmacht wieder zurück. Seit dem Amtsantritt der Reagan-Regierung in den achtziger Jahren konzentrierten sie sich in ihrem Klassenkampf von oben darauf, den Sozialstaat wieder abzubauen, den sie zuvor mitgeholfen hatten zu errichten. Der Neoliberalismus wurde als Ideologie zur Rückkehr eines ungebändigten Kapitalismus durchgesetzt. Damit haben wir es bis heute zu tun. Die Unterdrücker hatten sich nicht befreit, sondern human gehandelt, um einen inhumanen Krieg (den Kalten Krieg) zu gewinnen. Nach dem Sieg beseitigten sie soweit wie möglich alles, was man zuvor in der unmittelbaren Nachkriegszeit aufgebaut hatte. Der Unterdrücker machte den Verlust seiner Willkürmacht wieder wett. Die dazu passende Strategie bezeichnete man als Globalisierung. Ihre fatalen Folgen lassen sich insbesondere im Mittleren Osten und in Afrika beobachten, aber auch an den Flüchtlingsbewegungen überall in der Welt. Was jedoch auch immer geschieht, man verfolgt diese Strategie, selbst wenn sie sich immer deutlicher als selbstmörderische Strategie und eben deshalb zugleich als mörderische erweist. Welt und Menschheit treiben sich in ein Selbstmord-Attentat, das diese Globalisierung in Wahrheit ausmacht.

Ähnliche Vorgänge lassen sich an der Kolonialpolitik verfolgen. Diese Politik hätte die Unabhängigkeitsbewegungen der meisten Kolonien akzeptieren müssen. Aber kaum waren die ehemaligen Kolonien politisch unabhängig geworden, wurden sie einem Regime quasi-kolonialer Beziehungen unterworfen, die einer ungebrochen geltenden Kolonialkultur entstammten. Diese Erfahrung führte zur systematischen Analyse kolonialer Strukturen in der Kultur selbst und zur Erforschung der Bedingungen zur Rückgewinnung der jeweils regionalen Kulturen, im Wissen darum, dass sie sich stets nur innerhalb einer multinationalen, pluralen Kultur entwickeln können.

Auf ein weiteres Beispiel ähnlicher Entwicklungen stößt man auf dem Gebiet der sogenannten Umweltpolitik; oder besser: jener politischen Maßnahmen, die der ungeheuren Naturzerstörung westlicher Kultur wehren sollen. Aber auch hier gilt, dass alles Bemühen um Respektierung der Menschenrechte zur Sicherung einer lebensfördernden Menschenwelt, ständig von der Weigerung der Unterdrücker bedroht wird, sich selbst in eine solche Gesellschaft des Respekts vor Menschenrechten zu integrieren. Nur sehr selten können Unterdrücker sich selbst befreien. Ständig verfallen sie wieder dem Klassenkampf von oben, um der Bedrohung bzw. dem Verlust ihrer Willkürmacht zuvorzukommen.

An all diesen Beispielen wird unmittelbar einsichtig, wie notwendig es ist, von der Kritik am Brudermord als Gründungsmord auszugehen. Aber dafür kann man sich auf kein Gesetz berufen. Der Grund-Satz: Ich bin, wenn du bist, ist kein Gesetz, sondern eine Regel, die dazu verhelfen soll, eine blinde Gesetzeserfüllung mit ihren verheerenden Wirkungen zu verhindern. Sie reguliert den Markt wie das Flussbett den Fluss. Auch diese Regel muss sich in Gesetzen niederschlagen, aber man darf auch dann nicht auf die blinde Befolgung solcher Gesetze vertrauen. In einem bestimmten Augenblick verliert jedes Gesetz seine Gültigkeit, und zwar immer dann, wenn es das Leben irgendeines menschlichen Subjekts oder der den Menschen umgebenden Natur bedroht.

Solcher Bedrohung muss man entgegentreten, auch wenn man ihr nicht mit einem Gesetz entgegen treten kann. Bert Brecht macht in dem anfangs erwähnten Zitat darauf aufmerksam, dass man intervenieren muss, sobald irgendeine Tat das Leben eines Mitmenschen bedroht, und zugleich darauf achten soll, wer am sinnvollsten mit welchen Mitteln zu intervenieren hat. Aber eben ein solcher Moment lässt sich nicht durch ein Gesetz bestimmen, sondern nur durch die Einsicht, die der Grund-Satz formuliert: Ich bin, wenn du bist.

Jene Unterdrücker, die sich von ihrem Unterdrückersein nicht befreien können, berufen sich fast immer auf Nietzsche, um sich selbst zu rechtfertigen. In Nietzsche finden sie den Denker für eine Welt ohne Menschenrechte, die Nietzsche und sie als freie Welt bezeichnen. Mit Nietzsche proklamieren sie:

> *Die Schwachen und Missratenen sollen zugrunde gehn: erster Satz unsrer Menschenliebe. Und man soll ihnen noch dazu helfen.*
> *Was ist schädlicher als irgendein Laster? – Das Mitleiden der Tat mit allen Missratenen und Schwachen – das Christentum…* [36]

Und zusammen mit Nietzsche feiern sie diese Brutalität als ihre Erlösung, Befreiung und Emanzipation:

> *Aber irgendwann, in einer stärkeren Zeit, als diese morsche, selbstzweiflerische Gegenwart ist, muß er uns doch kommen,* **der erlösende Mensch der großen Liebe und Verachtung,...,** *(der)* **die Erlösung dieser Wirklichkeit heimbringe***: ihre Erlösung von dem Fluch, den das bisherige Ideal auf sie gelegt hat. Dieser Mensch der Zukunft,* **der uns ebenso vom bisherigen Ideal erlösen wird als von dem, was aus ihm wachsen mußte,... - er muß einst kommen...**[37]

Irgendwann muss er doch kommen – der Erlöser, der uns von aller Erlösung erlöst, der Befreier, der uns von allen Befreiungen befreit, die Emanzipation, die uns von allen Emanzipationen emanzipiert, die man sich ausdenken kann.

Eine solch vermaledeite Nietzscheanische Dialektik betreiben die Unterdrücker. Man müsste sie als das Ressentiment der Herrschenden bezeichnen, deren Herrschaft bedroht oder auch schon verloren ist. Dieses Ressentiment hat ein Denker wie Nietzsche auf den Begriff gebracht. Die darin enthaltene Brutalität droht uns heute von Seiten der Neolibe-

---

[36] Friedrich Nietzsche: Der Antichrist, Nr. 2. Herausgegeben von Karl Schlechta II, 1165/1166.

[37] Friedrich Nietzsche: Zur Genealogie der Moral. Zweite Abhandlung. Nr. 24, a.a.O., 836/837.

ralen, ebenso wie gestern von Seiten der Faschisten. Ludwig von Mises, der Begründer des Neoliberalismus, verwendet dafür nicht den leidenschaftlichen Ton Nietzsches, sondern das Bürokratendeutsch, das die Neoliberalen bevorzugen, wenn er sagt:

> *Man geht immer von einem fundamentalen Irrtum aus, der weit verbreitet ist. Es ist der Irrtum, dem gemäß die Natur dem Menschen unverzichtbare Rechte gegeben hat aus dem bloßen Grunde, weil er geboren wurde… Jedes Wort dieser Doktrin ist falsch.*[38]

Das bezeichnete Nietzsche als die Erlösung vom „bisherigen Ideal". Eindeutiger lassen sich die Menschenrechte nicht bestreiten. Ohne die Aussage von Mises zu akzeptieren, kann man kein Neoliberaler sein. Für Neoliberale gelten keine Menschenrechte, sondern nahezu ausschließlich Marktrechte, deren Geltung abhängig ist von den Erfolgen auf dem Markt. Daher muss man den Neoliberalismus einerseits als unmittelbaren Nachkommen des Faschismus in der Gestalt des deutschen Nationalsozialismus bezeichnen und andererseits als Nachkommen der Philosophie Nietzsche`s.

aus dem Spanischen: Norbert Arntz

---

[38] „The worst of all these delusions is the idea that ‚nature' has bestowed upon every man certain rights. According to this doctrine nature is openhanded toward every child born…. Every word of this doctrine is false." Ludwig von Mises, The anti-capitalistic mentality. The Ludwig von Mises Institute. Auborn, Alabama, 2008. (1956), 80/81.

Die Religion in Gesellschaft der Gesellschaft

Marxistische, religionswissenschaftliche und befreiungstheologische Reflexionen zum Thema Religion

Kuno Füssel

I. Das Problem einer mehrheitlich akzeptablen Definition von Religion

Mit der Verwendung des Begriffes des Phänomens Religion als geschichtlicher Realität, als Bestandteil der Gesellschaft und als individuellem Verhalten verbindet sich spontan eine Menge von Assoziationen. Wir denken an die historisch überlieferten und noch heute präsenten Religionen und ihre Traditionen und Institutionen, an bestimmte gedankliche Konstruktionen, und Inhalte, an Rituale und Handlungsanweisungen, an Gebete und vor allem auch an wichtige oder heilige Texte, wie besonders im Judentum, Christentum und Islam. Wir denken an Identifizierungen und Distanzierungen. Der eine erinnert sich als Mitglied einer Religion an freudvolle Erlebnisse und manche Verärgerung, der andere meint, alles längst hinter sich zu haben und spielt die Rolle des distanzierten Beobachters, Kritikers, Verächters oder völlig Uninteressierten. Eines steht jedoch fest: Die Religionen einen und spalten die Welt in der bisherigen menschlichen Geschichte wie auch heute, sei es durch Glaubensfragen, Riten und Symbole oder ethische Fragen wie die nach dem Verhältnis zum bewaffneten Kampf bei der Durchsetzung der eigenen Überzeugungen und Haltungen.

Religion ist also unbestreitbar ein facettenreiches und multidimensionales, aber wohl auch in sich widersprüchliches Phänomen. Der empirischen Vielfalt entspricht eine Vielzahl von Herangehensweisen und Forschungsansätzen, die ihrerseits wieder ein breites Spektrum von Verwendungsweisen des Begriffs Religion erzeugen. Diese reichen von philosophischen und theologischen Wesensdefinitionen über religionswissenschaftliche Funktionsbeschreibungen bis hin zur Vermengung von Religion und Magie mit der Unterstellung der Existenz eines übersinnlichen von besonderen Mächten bewohnten Bereichs, an die man eine ehrfurchtsvolle Bindung pflegt. Entsprechend wird dann der Kult als wesentliches Definitionsmerkmal angesehen, oder eine umfassende und ausgearbeitete Gottesidee oder eine universale Ethik.

Die Schwierigkeit, Religion auf den Begriff zu bringen, verschärft sich noch einmal, wenn nicht zum Kreis der abrahamitischen Religionen zählende Richtungen (Buddhismus, Hinduismus, Stammesreligionen) explizit in die Definition mit einbezogen werden sollen. Ergiebiger als eine Untersuchung der Divergenz zwischen den verschiedenen Definitionen von Religion ist jedoch das Verfolgen der Frage, welches komplementäre Potential jeweils bei den verschiedenen Ansätzen vorhanden ist und für eine differenzierte Erfassung des Phänomens Religion fruchtbar gemacht werden kann.

Der folgende *Definitionsvorschlag* ist vor dem Hintergrund der Beschäftigung mit dieser Problematik zu verstehen:

Religion ist a) ein gesellschaftliches und individuelles Bewußtsein, das über eine spezifische Wirklichkeitsinterpretation und Handlungsorientierung verfügt, b) die sich in Riten, symbolischen Formen und heiligen Texten materialisiert, welche als Tradition dauerhaft verfügbar sind und c) so einerseits ihren Mitgliedern Identität und Handlungsorientierung vermitteln, aber auch andererseits Macht und Herrschaft legitimieren bzw. delegitimieren können.[1]

Vor dem so dargestellten Problemhintergrund sollen ausgewählte Theorien, Überlegungen und Diskussionen zum Thema Religion, die in der aktuellen Debatte eine Rolle spielen, vorgestellt werden. Dabei ist die vorgeschlagene Definition von Religion aber immer nur in Teilen präsent. Es kann ja nicht davon ausgegangen werden, dass alle sie voll umfänglich akzeptieren und verwenden.

---

1 Man vgl. die umfangreichere, aber auch kompliziertere Definition im Lexikonartikel Religion von Kuno Füssel, Stefan Huber, Bernhard Walpen, in: Enzyklopädie zu Philosophie u. Wissenschaften, Bd. IV, 102-114, Hamburg 1990. Auf diesen Artikel wird in den Abschnitten III/1.(A) und IV. des vorliegenden Beitrags explizit zurückgegriffen.

II. Kleine Erinnerung an die Debatte der letzten Jahre

Welchen Trendberichterstattern sollen wir glauben? Erleben wir in unseren Tagen ein neues Erwachen der religiösen Sehnsüchte, eine Remythologisierung der Gesellschaft, eine Wiederkehr der Religion?

Unsere gesellschaftliche Wirklichkeit wird in der tonangebenden heutigen Soziologie und Kulturtheorie dagegen fast einhellig mit Stichworten wie Säkularisierung, Modernisierung, Pluralisierung und Individualisierung beschrieben, und in diesem Erklärungsansatz sowohl eine korrekte Beschreibung des Status quo als auch eine normative Orientierungsmarke gesehen, hinter den auch dort nicht mehr zurückgegangen werden kann, wo das Projekt der Säkularisierung als „missglückt" charakterisiert wird, weil die Angst vor der neu gewonnenen Freiheit viele heutige Menschen zur Flucht in die Sicherheit alter und neuer Formen von Religiosität verführt.

Einerlei, welcher religionssoziologischen Betrachtungsweise man sich verschreibt, es kann nicht geleugnet werden, dass in den letzten Jahren religiöse Bewegungen eine neue Konjunktur erlebt haben. Auffallend dabei ist, dass sowohl die traditionellen Formen der Religion wie auch die Modereligionen der Esoterik und des New Age ihr Gesicht unter der Diktatur des Marktes als dem in den durch die kapitalistische Produktionsweise geprägten Gesellschaften entscheidenden ökonomischen Medium nachhaltig verändert haben. Der Markt scheint auch „das Unbedingte, das Heilige, die Götter, in ein Bedingtes, Relatives, zwischen dem man wählen kann"[2] zu verwandeln. Wenn er das aber wirklich kann, war auch schon vorher das Absolute nicht wirklich absolut, sondern schien nur so. Der Markt bringt dann nur diesen Schein zum Vorschein und nichts anderes. Richtig ist allerdings, dass mit der Hochkonjunktur von Strömungen wie dem New Age, der Reinkarnationslehre, dem Satanismus usw. nur der allgemeine Zwang sichtbar wird, dass im Kapitalismus sich auch Sinnangebote und Weltanschauungen als Ware anbieten müssen, wenn sie den Konsumenten erreichen und seine Zustimmung gewinnen wollen. Eher unauffällig artikuliert sich je-

[2] Vgl. Hartmut Zinser, Der Markt der Religionen, München 1997.

doch in diesen Phänomenen das Faktum, dass der Kapitalismus auch selber religionsförmig ist. Diese Erkenntnis verdanken wir nicht zuletzt Walter Benjamin, der damit gleichzeitig auch unterstrichen hat, wie leistungsfähig eine auf die Erkenntnisse von Marx zurückgreifende Religionskritik sein kann. Dass die marxistische Herangehensweise heute mit schweren Verdächtigungen belegt oder rundwegs als untauglich abgelehnt wird, hat durchschaubare Gründe, darf uns aber gerade deswegen nicht davon abschrecken, dem Beispiel Walter Benjamins zu folgen und eine neuerliche Probe aufs Exempel zu machen.

III. Die Theorie der Religion im Rahmen der marxistischen Religionskritik

Es lassen sich in der Religionskritik von Marx grob zwei Phasen unterscheiden: Erstens: Die Kritik der Religion in den sogen. Frühschriften, der auch die bekanntesten Zitate (z.B. Religion als Opium und Protest) entstammen, und zweitens: die Fetischismuskritik als höchstes Stadium der Kritik des phantastischen Widerscheins des Reellen im Ideellen und damit auch der Entfaltung der Religionskritik.

1. Die Kritik der Religion in den Frühschriften

Die radikale Linie der Religionskritik der Aufklärung sieht ihre Hauptaufgabe in einer kritischen Erklärung der Genese von Religion, die in der Forderung ihrer Aufhebung mündet. Grundgelegt wird sie in Frankreich, das im 18.Jh. zum Kernland der Aufklärung wird. Eine philosophische Vertiefung dieser Position erfolgt bei L. Feuerbach (1804-1872), an dessen Projektionsthese K. Marx anknüpft. Für Feuerbach ist das Wesen des Menschen durch die Unendlichkeit seines Bewusstseins charakterisiert. „Gott" ist daher nichts anderes als die Projektion des unendlichen Wesens des Menschen in eine selbständige, außerhalb des Menschen und der Welt existierenden Macht.[3] Der Religionskritik fällt dann die Aufgabe zu, diese Projektion rückgängig zu machen, d.h. den

[3] Ludwig Feuerbach, Das Wesen des Christentums, in: Werke Bd.VI, Stuttgart-Bad Cannstatt 1960, 15.

Menschen wieder zum Subjekt seiner Eigenschaften und Bedürfnisse zu machen.

Der frühe Karl Marx (1818-1883) sieht daher in der „Kritik der Religion… die Voraussetzung aller Kritik“[4]. Da sie aber auf die umfassende Emanzipation des Menschen zielt, treibt sie über sich selbst hinaus: „Die Kritik des Himmels verwandelt sich damit in die Kritik der Erde, die Kritik der Religion in die Kritik des Rechts, die Kritik der Theologie in die Kritik der Politik.“[5] Dieser Umwandlung der Religionskritik in Gesellschaftskritik entspricht bei Marx die Historisierung und Soziologisierung der Auffassung vom Wesen des Menschen, das in der Religion in entfremdeter Gestalt erscheint: „Aber der Mensch, das ist kein abstraktes, außer der Welt hockendes Wesen. Der Mensch, das ist die Welt des Menschen, Staat, Sozietät. Dieser Staat, diese Sozietät produzieren die Religion, ein verkehrtes Weltbewusstesein, weil sie eine verkehrte Welt sind.“[6] Es sind die Antagonismen der Gesellschaft, die sich in der Religion reproduzieren und artikulieren. „Das religiöse Elend ist in einem der Ausdruck des wirklichen Elends und in einem die Protestation gegen das wirkliche Elend. Die Religion ist der Seufzer der bedrängten Kreatur, das Gemüt einer herzlosen Welt, wie sie der Geist geistloser Verhältnisse ist. Sie ist Opium des Volks.“[7] Sie stellt als verkehrte Widerspiegelung aber eine nur historisch, und nicht ontologisch notwendige Form des gesellschaftlichen Bewusstseins dar, die nur durch eine praktische Umwälzung der Verhältnisse aufgehoben werden kann.
Dieses Programm einer historisch-materialistischen Religionskritik findet dann seine erste Ausführung in der zusammen mit F. Engels verfassten „Deutschen Ideologie“[8] und wird weiter konkretisiert im Kontext der Analysen des Waren- und Kapitalfetischismus im „Kapital“ (vgl. im Folgenden den Teil III.2).

---

4 Karl Marx, Zur Kritik der Hegelschen Rechtsphilosophie, in: MEW 1, Berlin 1972, 378

5 Ebd., 379.

6 Ebd., 389; vgl auch die 4. Feuerbachthese, in: MEW 3, Berlin 1978, 6.

7 Ebd., 378.

8 Karl Marx, Die Deutsche Ideologie, in: MEW 3, Berlin 1978, 9 - 530.

Es ist der genuine Beitrag von Marx, die Religion als Moment einer dialektischen Beziehung von Basis und Überbau zu analysieren. Religionskritik hat sich selber nach Maßgabe dieses historisch-materialistischen Grundgedankens zu reflektieren; sie ist Intervention in einem bestimmten geschichtlich determinierten Feld und verkündet keinen Kanon zeitlos gültiger Aussagen, muss sich also immer auch ihrer eigenen Zeitabhängigkeit bewusst bleiben. Wenn sich die ökonomische Basis und der ideologische Überbau ändern, ändert sich auch das Verhältnis von Religion und Gesellschaft.

2. Die Analyse und Kritik des Fetischcharakters der Ware und des Kapitals

In dem berühmten Kapitel „Der Fetischcharakter der Ware und sein Geheimnis" im 1. Band des Kapital[9] leitet K. Marx, beginnend beim religionswissenschaftlichen Ursprung des Begriffs Fetisch zur Bezeichnung magischer Artefakte (vgl. das portugiesische Wort „feticao", machen, herstellen), den Fetischcharakter der Ware und darauf aufbauend eine Definition des Fetischismus ab. Wir referieren zunächst einige wichtige Ergebnisse dieses Kapitels, in dem übrigens auch die Methode von Marx gut greifbar wird. Zu Beginn des „Kapitals" führt Marx aus, dass im Tauschwert der Waren, nicht in ihrem Gebrauchswert, das treibende Motiv kapitalistischer Produktionsweise gegeben ist, wobei vom konkreten Charakter der Privatarbeiten abstrahiert werden muss, um die Produkte überhaupt als gleichsetzbare austauschen zu können. Dieses Dominantwerden des Tauschwerts verwandelt jedes Produkt menschlicher Arbeit als Ware von einem selbstverständlichen und trivialen in „ein sinnlich übersinnliches Ding", dessen „Analyse ergibt, dass sie (die Ware) ein sehr vertracktes Ding ist, voll metaphysischer Spitzfindigkeit und theologischer Mucken."[10] Lassen wir die Anspielungen auf Metaphysik und Theologie beiseite, dann bleibt die Frage: Welcher Vertracktheit ist Marx da auf die Spur gekommen?

---

9 Karl. Marx, Das Kapital. Erster Band, in: MEW 23, Berlin 1968, 85-98.

10 Karl Marx, Das Kapital. Erster Band, a.a.O., 85.

„Woher also entspringt der rätselhafte Charakter des Arbeitsproduktes, wenn es Warenform annimmt? Offenbar aus dieser Form selbst…Das geheimnisvolle der Warenform besteht also einfach darin, dass sie den Menschen die gesellschaftlichen Charaktere der Arbeitsprodukte selbst, als gesellschaftliche Natureigenschaften dieser Dinge zurückspiegelt, daher auch das gesellschaftliche Verhältnis der Produzenten zur Gesamtarbeit als ein außer ihnen existierendes gesellschaftliches Verhältnis von Gegenständen….Es ist nur das bestimmte gesellschaftliche Verhältnis der Menschen selbst, welches hier für sie die phantasmagorische Form eines Verhältnisses von Dingen annimmt. … Dies nenne ich den Fetischismus, der den Arbeitsprodukten anklebt, sobald sie als Waren produziert werden, und der daher von der Warenproduktion unzertrennlich ist.“[11]

Im 3. Band des „Kapital“ weist Marx noch einmal auf den Fetischcharakter des Kapitals in Form des zinstragenden Kapitals hin. Während im Kaufmannskapital die Geldvermehrung noch über den Kauf und Verkauf von Waren geschieht, also ein gesellschaftliches Verhältnis zwischen verschiedenen Akteuren sichtbar wird, gilt dies nicht mehr für das zinsbringende Kapital. Hier erscheint „das Kapital … als mysteriöse und selbstschöpferische Quelle des Zinses, seiner eigenen Vermehrung. Das Ding (Geld, Ware, Wert) ist nun als bloßes Ding schon Kapital, und das Kapital erscheint als bloßes Ding; das Resultat des gesamten Reproduktionsprozesses erscheint als eine, einem Ding von selbst zukommende Eigenschaft; es hängt ab von dem Besitzer des Geldes, d.h. der Ware in ihrer stets austauschbaren Form, ob er es als Geld verausgaben oder als Kapital vermieten will. Im zinstragenden Kapital ist daher dieser automatische Fetisch rein herausgearbeitet, der sich selbst verwertende Wert, Geld heckendes Geld … Das gesellschaftliche Verhältnis ist vollendet als Verhältnis eines Dings, des Geldes zu sich selbst.“ [12]

Es gibt also unter dem Diktat des Kapitalfetischs im Regelwerk des Kapitalismus eine Fortpflanzung des Fetischcharakters, beginnend bei

---

11 Ebd., 86-87.

12 Karl Marx, Das Kapital. Dritter Band, in: MEW 25, Berlin 1983, 405.

der Ware. Dieser verwandelt die lebendige Arbeit in Lohnarbeit und die Produktionsmittel, die mehrheitlich ja nur Arbeitsinstrumente sind, über die Eigentumsverhältnisse in Kapital, das dann seinen Zenit erreicht im Finanzkapital als der reinsten und auch heute bedeutendsten Form des Kapitalfetischs, in dem er sich zugleich radikalisiert, wie die permanenten Finanzkrisen beweisen. Es ist also nicht verwunderlich, wenn die Kapitalismuskritik von Papst Franziskus in der Kritik des Geldfetischismus ihren Schwerpunkt hat.

Der primäre Effekt des Fetischismus besteht darin, dass die Warenwelt eine eigene, von den Produzenten nicht beabsichtigte Gesetzlichkeit entfaltet, ein Sachverhalt, der in der verschleiernden Sprache der herrschenden Ideologie als „Systemrationalität" bezeichnet wird.

Der Trick besteht darin, durch menschliches Handeln steuerbaren sozialen, politischen und wirtschaftlichen Prozessen die Qualität von Naturgesetzen anzudichten. Anders liegt seit vielen Jahren die Problematik der irreversiblen Zerstörung der Biosphäre und der Folgen von Katastrophen der Atomindustrie. Hier könnte der Begriff Sachzwang erstmals hilfreich sein: Angesichts der Gefahr unseres Untergangs sind wir gezwungen, anders zu handeln, als uns die Kapitallogik aufdrängen will.

Dass die Sachzwänge aber fortwährend die politische Gestalt einer herrschaftsförmigen Gesellschaft annehmen, die das freie gesellschaftliche Individuum verhindert, hat Marx schon viel früher in den „Grundrissen" dargelegt: „Die gesellschaftliche Beziehung der Individuen aufeinander als verselbständigte Macht über den Individuen, werde sie nun vorgestellt als Naturmacht, Zufall oder in sonst beliebiger Form, ist notwendiges Resultat dessen, dass der Ausgangspunkt nicht das freie gesellschaftliche Individuum ist".[13]

Ausgehend von seiner minutiösen Analyse der Wertform unterstreicht Marx im „Kapital" fortwährend, wie sehr das Kapitalverhältnis eine besondere Form der Knechtschaft, also einer Vermittlung zwischen Herrschenden und Beherrschten ist, die deswegen funktioniert, weil sie eine besondere Form der gesellschaftlichen Synthesis ist, ohne

---

[13] Karl Marx, Grundrisse der Kritik der politischen Ökonomie (1857-1858), Berlin 1974, 111.

die kein Zusammenleben funktioniert.[14] Arbeiter und Kapitalist sind beide auf ihre Weise gezwungen, den anderen gemäß dem Zwangsverhältnis zu (re) -produzieren. „Der Arbeiter selbst produziert daher beständig den objektiven Reichtum als Kapital, ihm fremde, ihn beherrschende und ausbeutende Macht, und der Kapitalist produziert ebenso beständig die Arbeitskraft als subjektive ..., abstrakte, in der bloßen Leiblichkeit des Arbeiters existierende Reichtumsquelle, kurz den Arbeiter als Lohnarbeiter."[15]

Wichtig ist hier die nicht nur ideologietheoretische, sondern allgemeine Erkenntnis über den Zusammenhang von gesellschaftlichem Sein und gesellschaftlichem Bewusstsein, von Deutungskategorien und Praxisformen. Der kategoriale Rahmen, durch den die gesellschaftliche Wirklichkeit wahrgenommen wird, ist den Verhältnissen inhärent. Kategorien und Phänomene sind sozusagen homolog, weil ein bestimmtes gesellschaftliches System sich die es abbildende Entsprechung im Bewusstsein so schafft, das diesem die dadurch begriffenen Verhältnisse als selbstverständlich erscheinen. Darin liegt das offenbare Geheimnis z.B. der TINA-Formel – There is no alternative – oder der gläubigen Anbetung der Allmacht des freien Marktes.[16]

Eines dürfte klar sein: Ausgangspunkt und Endpunkt der Kritik der politischen Ökonomie von Marx ist die Verwirklichung des freien, nicht entfremdeten Individuums. Von der „Deutschen Ideologie" (1845/46), das „Kommunistische Manifest" (1848) über die „Grundrisse" (1857/58) bis zum „Kapital" (1867) bleibt dies durchgängig das zentrale Thema.

Zusammenfassend lässt sich sagen, dass für Marx die Religion eine phantasmagorische Sicht des gesellschaftlichen Lebens, eine illusorische Vorstellung der internen Strukturen der gesellschaftlichen Verhältnisse

---

[14] Darauf hat besonders Alfred Sohn-Rethel aufmerksam gemacht, vgl. A. Sohn-Rethel, Geistige und körperliche Arbeit. Zur Theorie der gesellschaftlichen Synthesis, rev. u. erg. Ausgabe, Frankfurt 1972. Die Theorie von Sohn-Rethel und ihre Erklärung dieser Zusammenhänge wird eingehender dargestellt in: Kuno Füssel, Die Misere der Werte unter der Diktatur des Tauschwerts, Beitrag zur Festschrift für Nikolaus Klein, Luzern 2006.

[15] Karl. Marx, Das Kapital. Erster Band, a.a.O., 596.

[16] Diese Entsprechung haben Alfred Sohn-Rethel und Franz Hinkelammert, offensichtlich unabhängig voneinander, in ihren Werken beispielhaft analysiert.

und der Natur ist. Sie ist ein Bereich, in dem der Mensch sich entfremdet, d.h. sich eine imaginäre Vorstellung von seinem Dasein macht und mit illusorischen Mitteln auf diese imaginäre Realität einzuwirken versucht. Für Marx sind religiöses Denken und Handeln die Produkte bestimmter gesellschaftlicher Verhältnisse und können nur durch Veränderung dieser Verhältnisse verändert werden. Es ist also nicht das Bewusstsein, das sich selbst entfremdet, sondern es ist die Wirklichkeit, die dergestalt ist, dass sie dem Zugriff des Bewusstseins ihre interne Struktur vorenthält. Marx erwartet das Ableben der Religion also nicht von einer theoretisch geführten Kritik, nicht von einem Widerstreit der Ideen. Die Religion kann nur verschwinden auf Grund der Veränderung der Gesellschaft und der Herstellung gesellschaftlicher Verhältnisse, die auf der Aufhebung der Klassenausbeutung und der Übernahme des Produktionsprozesses und der gesellschaftlichen Organisation durch die Produzenten selbst beruhen.

Diese gründlichen Überlegungen von Marx aus der Phase der Frühschriften und dem Kapital, Bd. I. sagen allerdings noch nichts darüber aus, erstens ob Religion auch gedacht werden kann als adäquate Widerspiegelung autonomer menschlicher Produktion und freier Vergesellschaftung und zweitens, ob Religion überhaupt und erschöpfend nur als Widerspiegelung begriffen werden kann, d.h. ob Religion nicht in sich eine substantiell eigenständige und funktional mehrwertige Größe sein kann.

Wir müssen jedoch auch daran erinnern, dass nach der Meinung von Marx, bezüglich der wissenschaftlichen Analyse und Kritik der Religion, „das Wichtigste noch zu leisten sei". „Es ist in der Tat viel leichter, durch Analyse den irdischen Kern der religiösen Nebelbildungen zu finden, als umgekehrt, aus den jedesmaligen wirklichen Lebensverhältnissen ihre verhimmelten Formen zu entwickeln."[17] Unseres Wissens haben sich wenige Marxisten, eine hilfreiche und lehrreiche Ausnahme bilden die Schriften von Franz Hinkelammert in den letzten Jahren, auf diesem schwierigen theoretischen Weg vorgewagt. Und doch ist eine solche Analyse notwendig für die Ausarbeitung einer wissenschaftlichen

---

[17] Karl Marx, Das Kapital. Erster Band, a.a.O., 393.

Theorie der Ideologien, der Rolle gesellschaftlicher Vorstellungen im gesellschaftlichen Handeln und, noch weitgehender, einer wissenschaftlichen Erklärung der Mechanismen auf Grund derer der Mensch sich bei der Entwicklung seiner gesellschaftlichen Verhältnisse spontan entfremdet. Dies aber setzt voraus, dass der Zusammenhang von Mythos, Ideologie und Religion neu geklärt wird. Hierzu möchte ich im nächsten Punkt drei Thesen vorlegen.

3. Mythos, Ideologie und Religion: Übereinstimmung und Differenz

Die Ergebnisse der marxistischen Religionskritik lassen sich für eine begriffliche Differenzierung nutzen.

These 1:

Ideologie und Mythos sind in den Funktionen, die sie gemeinsam haben, äquivalent, d.h. sie erfüllen die gleiche Aufgabe, aber in unterschiedlicher Form. Die Funktionaläquivalenz möchte ich kurz erläutern: Mythos und Ideologie sind Modelle einer gleichen durch drei Funktionen gebildeten Struktur. Diese Funktionen sind:

1. Die Identitätssicherung, bzw. Selbsterhaltung des Individuums
2. Die soziale Integration, bzw. Identifikation mit der Gemeinschaft und ihren Werten
3. Normenbegründung und Welterklärung

Die Ideologie rückt in die Lücke, die ein zerstörter Mythos hinterlässt. Sie übernimmt daher zunächst die Aufgabe der Erfüllung der genannten drei Funktionen, woran der Mythos gescheitert ist. Dabei reduziert die Ideologie die Inhalte des Mythos auf das politisch Notwendige. Die poetische Dimension des Mythos wird ganz abgeschnitten und gegebenenfalls durch rhetorische Redundanz ausgeglichen. Die Relation zur Natur wird durch die unmittelbare Relation zum Herrscher, bzw. zur politischen Zentralgewalt ersetzt. Die Ideologie übernimmt gegenüber dem Mythos damit zusätzlich und explizit die Funktion der Herrschaftslegitimation. Damit ist nicht behauptet, dass der Mythos keine herrschaftssichernde Funktion habe, sondern nur, dass diese implizit in Form einer Relation zur Natur oder einer Ritualisierung physiologisch-biologischer Verfasstheit gegeben ist.

Beispiel:

Im Einzelnen lässt sich dies bei den Fallbeispielen der Ethnologie bestätigen. Nehmen wir als Muster die militarisierten Hochlandkulturen Neu-Guineas, wo den Männern eine übernatürliche Kraft zur Beeinflussung der Natur zugeschrieben wird. Der Mythos setzt so die natürliche Abhängigkeit der Männer von der Gebärfähigkeit der Frauen außer Kraft und dient so der Aufrechterhaltung des Machtmonopols der Männer. Man könnte daher folgende Abgrenzung vornehmen: überall dort, wo die Funktion der Herrschaftssicherung die Struktur des Mythos überdeterminiert, die Geltungsgründe der Herrschaft also in ihr eigenes Wesen verlagert werden, geht der Mythos in Ideologie über.[18]

Die bereits in der durch den Mythos geprägten Gesellschaft ansatzhaft zur Durchsetzung der Grundfunktionen ausgebildeten Institutionen werden dann parallel zur Ideologiebildung ausdifferenziert und beginnen sich im Laufe der Zeit zu verselbständigen, um schließlich in Klassengesellschaften zu einer eigenständigen ideologischen Instanz neben Ökonomie und Politik zu werden. Über die auch im Mythos vorhandene Regelung der sozialen Kommunikation (in Form des Austauschs von Frauen, Gütern und Nachrichten) hinaus übernimmt damit die Ideologie die Funktion einer kollektiven Identitätssicherung durch Herausbildung der Staatsmacht, die dann ihrerseits zur höchsten Form der Ideologie wird.

These 2:

Die Religion ist gegenüber dem Mythos das umfassendere System. Neben dem mythischen Element enthält die Religion magische Elemente wie aber auch rituelle Elemente und Elemente einer rationalen

[18] Vgl. hierzu Markus. Stadler, Aber du sollst Männer töten, in: Kursbuch 67, 1982, 73-87.

Dogmatik und Ethik. Die mythischen Elemente der Religion bleiben allerdings den nicht-religiösen Anteilen des Mythos funktionsäquivalent. Gerade deswegen kann eine Religion auf den Mythos nicht verzichten, wenn sie diesen ablösen und seine Leistungsfähigkeit überbieten will. Jedes Entmythologisierungsprogramm bedeutet daher gleichzeitig auch immer eine Schwächung von Religion und die Zerstörung ihrer eigentümlichen Leistungskraft.

These 3:

Auch gegenüber der Ideologie ist Religion das umfassendere System. Religion ist überall dort mit der Ideologie funktionsäquivalent, wo sie sich in einer Gesellschaft zur Erfüllung der für die Ideologie charakteristischen Funktionen in Dienst nehmen lässt. Diese Funktionsäquivalenz und das Phänomen, dass Religion oft die „bessere Ideologie" ist, verleiten zur abstrakten Gleichsetzung von Religion und Ideologie insgesamt, wobei sowohl die inhaltliche Verschiedenheit der Elemente vernachlässigt als auch die allgemeine Gestaltungsgleichheit der beiden Systeme übersehen wird. Religion kann also auch Ideologie, Ideologie aber nie Religion sein.

4. Die Religion als infrastrukturelle Möglichkeit. Zur Theorie der Religion bei Maurice Godelier

Maurice Godelier, ein marxistischer Philosoph und Kulturanthropologe hat versucht, die Überlegungen von Marx weiterzuentwickeln und die oben erwähnte Lücke ein wenig zu schließen.[19] Nach Godelier dürfen die klassischen marxistischen Begriffe von Basis (Infrastruktur) und Überbau (Superstruktur) nicht als konkrete Begriffe zur Klassifizierung unterschiedlicher gesellschaftlicher Institutionen, sondern müssen vielmehr als abstrakte Begriffe zur Unterscheidung verschiedener gesellschaftlicher Funktionen aufgefasst werden. So verstanden bezeichnet man mit Infrastruktur (d.h. der Struktur der Produktionsverhältnisse)

[19] Vgl. Maurice Godelier, La part ideelle du reel, in: L'Homme, Heft Juli/Dez. 1978, 155-187.

das System jener gesellschaftlichen Beziehungen, die (a) die Verfügung über die Produktionsmittel, (b) die Verteilung der Arbeitskraft und (c) die Verteilung der produzierten Güter regeln. Entsprechend lässt sich mit Superstruktur (wiewohl Godelier hier keine eindeutige Definition geliefert hat) jenes System der gesellschaftlichen Verhältnisse bezeichnen, das die Regeln und Verfahrensordnungen begründet, symbolisiert und durchsetzt.

In der kapitalistischen Gesellschaft wird die Aufgabe der Infrastruktur durch das ökonomische System wahrgenommen, welches sich mehr oder weniger deutlich von den übrigen gesellschaftlichen Verhältnissen unterscheidet. Gleichzeitig werden in dieser Gesellschaft die Funktionen der Superstruktur durch eine Gruppierung nichtökonomischer gesellschaftlicher Institutionen wahrgenommen, wie das politische System, das Bildungssystem und die Religion. Dies hat Marx dazu geführt, etwas zu bemerken, was man vor dem Kapitalismus noch nicht beobachten konnte: den in letzter Instanz determinierenden Charakter der Produktionsverhältnisse. Andererseits aber hindert uns die Struktur des Kapitalismus daran, eine nicht weniger bedeutsame Tatsache zu erfassen, nämlich die Möglichkeit, dass Aufgaben der Infrastruktur auch durch andere gesellschaftliche Institutionen als nur die unmittelbar ökonomischen erfüllt werden können.

Der erste methodische Schritt, den es also bei der Erfassung der die Infrastruktur bildenden Einrichtungen einer Gesellschaft zu tun gilt, besteht darin, sich endgültig von einer schematischen Einteilung zu befreien, die bestimmte Institutionen entweder immer nur der einen oder der anderen Seite zuteilt. Nichts erlaubt uns im Vorhinein, d.h. vor empirischen Untersuchungen, den Charakter der Institutionen, die die Infrastruktur bilden und die Art und Weise, wie die Funktionen der Superstruktur erfüllt werden, festzulegen. Was Marx also entdeckt hat, war nichts anderes als eine Rangordnung von Funktionen, die es in jeder beliebigen Gesellschaft zu geben scheint, nämlich die für die Reproduktion einer Gesellschaft wesentlichen Funktionen, die er daher Basis nannte, und für die Reproduktion nicht unmittelbar notwendige Funktionen, die daher den Namen des Überbaus erhielten.

Aus dieser Entdeckung lässt sich nichts über die Eigenart einer ganz bestimmten Gesellschaft ableiten, und es kann aus ihr allein noch keinerlei Vorhersage über die Wirkungsweise gegebener Institutionen und Verhältnisse gemacht werden. Der Gedanke einer „Determination in letzter Instanz", der immer bei der Verwendung des Begriffspaares Basis und Überbau mitgedacht wird, beinhaltet nach Godelier nichts anderes als eine Hypothese über die Rangordnung der Funktionen, welche die Reproduktion und Transformation einer Gesellschaft in Gang halten. Diese Hypothese dient der empirischen Forschung nur als heuristische Grundlage: Sie lässt sich verifizieren, wobei allerdings der konkrete Inhalt, mit dem man sie im Einzelfall füllt, sich ausschließlich aus dem Forschungsprozess selber ergibt. Anders gesagt: Die Behauptung, dass die Basis in letzter Instanz den Überbau determiniert, hat nur einen methodologischen Sinn. Sie weist uns einen Weg der Forschung neben vielen anderen.

In gleicher Weise behandelt Godelier auch den marxistischen Begriff der Dominanz. Hier sei sogleich der Einwand aufgegriffen, dass die Dominanz des religiösen Systems für eine Gesellschaft nur dann positiv ist, wenn diese Dominanz sich befreiend und nicht unterdrückerisch auswirkt. Für Godelier ist die kapitalistische Gesellschaft die erste in der Geschichte, wo das ökonomische System durch seine besondere Existenzweise sowohl determinierend als auch dominant ist. D.h. im Einzelnen, dass das ökonomische System einerseits jene Relationen umfasst, die für die Reproduktion der kapitalistischen Gesellschaft als solcher notwendig sind (insofern ist es determinierend und legt die Grenzen der Entwicklung und Funktionsweise aller anderen gesellschaftlichen Verhältnisse fest), andererseits bildet es aber auch jenen Kanal, über den offensichtlich die Mehrzahl der übrigen gesellschaftlichen Praktiken und Überzeugungen strukturiert werden (und insofern ist die Ökonomie dann auch dominant).

Die im Vorangehenden entfalteten Überlegungen führen uns jedoch zu dem Schluss, dass dies möglicherweise nur im Kapitalismus so ist, in anderen Gesellschaftsformationen aber auch ganz anders sein könnte. Für Godelier ist ein einzelnes System in einer bestimmten Gesellschaft nämlich nur deswegen dominant, weil es im Innern dieser Gesellschaft die Rolle der Infrastruktur spielt, wie auch immer im übrigen seine institutionelle Form und die anderen Funktionen, die es wahrnimmt, beschaffen sein mögen. Anders herum formuliert: Die Beschaffenheit des dominanten Systems einer bestimmten Gesellschaft kann man nur mit Hilfe empirischer Untersuchungen über diese Gesellschaft ermitteln. Man muss also, von Einzelfallstudien ausgehend, aufdecken, welches System im Innern der Gesellschaft die Rolle der Infrastruktur spielt, um dann zu überprüfen, wie dieses System die Praxisformen und Überzeugungen der Mitglieder dieser Gesellschaft beherrscht. Die Theorie bedarf also der empirischen Forschung und kann deren konkrete Ergebnisse nicht vorwegnehmen.

Godelier beruft sich mit seinem Ansatz ausdrücklich auf die Religionswissenschaft. Für ihn ist nämlich die Religion nicht nur ein System von Überzeugungen, sondern auch ein System von Praxisformen. Mit Hilfe der Religion deuten verschiedene Gruppen der Gesellschaft nicht nur die Umstände, unter denen sie leben, sondern gestalten auch ihr Handeln, das zum Ziel hat, diese Situation gegebenenfalls zu verändern. Das System der religiösen Praktiken und Überzeugungen kann in bestimmten Fällen für eine Gesellschaft sogar die Rolle der Infrastruktur übernehmen. Godelier behauptet, dass dies bei den Gesellschaften Mesopotamiens, der Inkas, Eskimos und Mbutis in Afrika der Fall war bzw. ist.

Die Funktion der Religion variiert also von einer Gesellschaft zur anderen. Wenn nach Godelier die Religion offensichtlich auch als Infrastruktur wirken kann, dann determiniert sie auch in diesem Fall alle anderen gesellschaftlichen Verhältnisse in ihrer Entwicklung und Funktionsweise, womit sie natürlich die Gesellschaft insgesamt dominiert, wie im alten Israel. Hier ist wahrscheinlich auch die Ursache dafür zu suchen, dass in vielen nichtkapitalistischen Gesellschaften die Religion empirisch jenes Feld konstituiert, in dem sich jegliche Form von Klassenbewusstsein und Klassenkampf entwickelt. Dies erklärt auch die politische und ökonomische Bedeutung von religiösen Streitigkeiten und Häresien im Laufe der Geschichte. Ebenso kann man davon ausgehen, dass überall dort, wo die Religion das dominante System darstellt, die

Veränderung der Gesellschaft sich immer gleichzeitig auch als Veränderung der Religion ereignet, dass in einer solchen Gesellschaft also jede soziale Revolution gleichzeitig auch eine Transformation des Sakralen nach sich zieht.

Allgemein gilt: Als solche gehört die Religion weder zur Infrastruktur noch zur Superstruktur. Bisweilen kann sie Basisaufgaben übernehmen, bis hin zu dem Punkt, wo sie das dominante System einer Gesellschaft wird. Die Religion ist also in sich kein notwendiges Hindernis für die Revolutionierung der gesellschaftlichen Verhältnisse im Sinne des marxistischen Revolutionsbegriffes. Im Gegenteil kann sie oft das einzige Mittel darstellen, um eine Revolution auch politisch und ökonomisch in Gang zu bringen. Anstatt einer abstrakten und ungeschichtlichen Theorie der Religion das Wort im reden, sollten daher Christen und Marxisten gemeinsame Anstrengungen unternehmen, eine empirische Theorie der Funktionsweise von Religion in verschiedenen Gesellschaftsformationen zu entwickeln.

IV. Kurzer Hinweis auf ethnologische und soziologische Ansätze in der Religionswissenschaft

1. Die gesellschaftswissenschaftliche Untersuchung der Religion ist kein Monopol des Marxismus. Religionskritik und Säkularisierung ebnen auch den Weg für die Ethnologie und Soziologie der Religion, deren erste klassische Untersuchungen Ende des 19. Jahrhunderts erscheinen. Den ersten umfassenden ethnologischen Ansatz zur Analyse der Religion legt *J.G. Frazer (1854-1941)* in seinem umfangreichen Werk „The Goulden Bough“ (1928) vor, das evolutionstheoretisch angelegt ist und entweder rezipierend oder kritisierend an die Arbeiten von A. Comte, E. Tylor (Theorie des Animismus, 1871) und H. Spencer anknüpft. Frazer bearbeitet umfangreiches, religionsgeschichtliches und ethnographisches, durch Feldforschung gewonnenes Material und teilt im Anschluss daran die Gesellschaftsformen und Kulturen anhand ihrer Weltbewältigungspraxis in drei Stadien ein: das magische, das religiöse und das wissenschaftliche Stadium. Diese folgen jedoch nicht herme-

tisch getrennt zeitlich aufeinander, sondern können sich wechselseitig durchdringen. Mit dem ethnologischen Ansatz wird erstmals die Beschränkung auf geschriebenes Material zur Analyse der Entstehung und Entwicklung von Religion aufgehoben. Über L. Lévy-Bruhl mit seiner These vom prälogischen Denken entwickelt sich die ethnologische Forschung weiter zum Funktionalismus von B. Malinowski (1881-1942) und A.R. Radcliffe-Brown (1881-1955), der die Bedeutung der Religion für die Integration der Gesellschaft betont.

Aus dieser kulturanthropologischen und ethnologischen Tradition kommend hat Clifford Geertz eine vor allem bei Theologen beliebte Definition von Religion vorgeschlagen. Für ihn ist Religion „ein Symbolsystem, das darauf zielt, starke, umfassende und dauerhafte Stimmungen und Motivationen in den Menschen zu schaffen, indem es Vorstellungen einer allgemeinen Seinsordnung formuliert und diese Vorstellungen mit einer solchen Aura von Faktizität umgibt, dass die Stimmungen und Motivationen völlig der Wirklichkeit zu entsprechen scheinen.“[20]

Der Bibeltheologe G. Theißen hat sich durch diese Definition inspirieren lassen und als Ausgangsbasis zu einer breit angelegten Darstellung des frühen Christentums genutzt. Er definiert „Religion als 1. kulturelles Zeichensystem, das 2. einer letztgültigen Wirklichkeit entspricht und 3 Lebensgewinn verheißt.“[21] Religion wird dabei zunächst als semiotisches System betrachtet, das aber auch einen systemischen und kulturellen Charakter hat. Das Besondere des religiösen Zeichensystems sieht G. Theißen in der „Kombination von drei Ausdrucksformen … Mythos, Ritus und Ethos“[22]. So importiert er aber letztlich die von uns vorgeschlagenen Bestimmungselemente der Definition von Religion.

2. *E. Durkheim* (1858-1917), der in Frankreich die Soziologie als akademische Erfahrungswissenschaft begründet, zieht aus einer exemplari-

---

[20] Clifford Geertz, Religion als kulturelles System, in: Ders., Dichte Beschreibung. Beiträge zum Verstehen kultureller Systeme, Frankfurt 1983, 44-95, hier: 8.

[21] Gerd Theißen, Die Religion der ersten Christen, Gütersloh 2008, 19.

[22] Ebd., 20f.

schen Untersuchung des Totemismus in Australien den Schluss, dass der Ursprung der Religion in ihrer sozialen Regulierungsfunktion liegt. Über Riten und Symbole garantiert sie die Einheit der Gruppe und begründet deren Institutionen durch Bezug auf die „heiligen Dinge und Orte", die als Gemeinschaftsgüter einen besonders verpflichtenden Charakter haben. Damit wird Religion der symbolische Ausdruck des Abhängigkeitsgefühls von der die Individuen erhaltenden Gemeinschaft und schließlich der Ehrfurcht vor der übergeordneten gesellschaftlichen Macht. Das Kollektivbewusstsein entsteht aus einer Integration des Bewusstseins der einzelnen bei gemeinsamen zugleich rituellen und alltagspraktischen Handlungen (wie z.B. bei der Jagd). Auch wenn das Objekt der Religion eigentlich immer die eigene Gesellschaft ist, entwickelt sich nach Durkheim (1981) durch ekstatische Erlebnisse der Kollektivität die Religion zu einer über der profan-realen liegenden, idealen zweiten Welt, der eine höhere Würde zuerkannt wird, wodurch die religiösen Vorstellungen ein Eigenleben führen können.

3. Ähnlich wie Durkheim möchte sich *M. Weber* (1864-1920) nicht mit den Inhalten der Religion befassen. Er beginnt daher seine systematische Darstellung der Religionsoziologie in „Wirtschaft und Gesellschaft"[23] mit der Erklärung: „Allein wir haben es überhaupt nicht mit dem Wesen der Religion, sondern mit den Bedingungen und Wirkungen einer bestimmten Art von Gemeinschaftshandeln zu tun, dessen Verständnis auch hier nur von den subjektiven Erlebnissen, Vorstellungen, Zwecken des Einzelnen – vom Sinn – aus gewonnen werden kann..." Von diesem Gedanken der subjektiven Sinnhaftigkeit des sozialen Handelns ausgehend und mit der durch ihn begründeten verstehenden Methode untersucht M. Weber die Wechselbeziehungen zwischen Religion und Gesellschaft. Es werden dabei drei religionssoziologische Grundprobleme behandelt.: „1. Die Wirkung religiöser Ideen auf die Alltagsethik und das wirtschaftliche Verhalten der Laien, 2. die Wirkung von Schichten und Ständen auf religiöse Ideen und 3. die Bestimmung des spezifisch Okzidentalen auf Grund eines Vergleichs der Ursachen und Wirkungen religiöser Über-

---

[23] Max Weber, Wirtschaft und Gesellschaft, Tübingen 1922, 227.

zeugungen in verschiedenen Kulturen".[24] Hauptanliegen Webers ist das dritte Problem: er untersucht es unter anderem in den berühmten Aufsätzen „Die protestantische Ethik und der Geist des Kapitalismus"[25], in denen er die religiösen Grundlagen der innerweltlichen Askese, die Berufskonzeption des Protestantismus und die ihr entsprechende rationale Gestaltung der Lebensführung behandelt. Besonders letztere sieht er als für die okzidentale Kulturentwicklung entscheidend an. Es sind daher gerade die Kategorien der Rationalität (Rationalitätstypus) und Rationalisierung, mit denen er wichtige Aspekte des religiösen Phänomens erschließt. So erklärt er z.B. das zentrale religiöse Bedürfnis nach Erlösung aus dem „Versuch einer systematischen praktischen Rationalisierung der Realitäten des Lebens" infolge des Anspruchs, „dass der Weltverlauf, wenigstens soweit er die Interessen der Menschen berührt, ein irgendwie sinnvoller Vorgang sei"[26].

V. Die Zukunft der traditionellen Religion im gegenwärtigen Kapitalismus

1. Die zwei Typen der Religion nach Erich Fromm

Ein interkultureller Vergleich zeigt, dass alle Religionen in der Geschichte auf das elementare Verlangen der Menschen nach einem gelingenden Leben, ohne Gewalt, ohne Tränen, ohne Angst, ohne Lüge, ohne Zerstörung zu antworten bemüht sind. Alle Religionen stellen also einen Versuch dar, gegen das Schicksalhafte, das Entsetzliche und das Hoffnungslose der Welt an der Möglichkeit persönlicher Identität und Sinnvergewisserung, an der Versöhnbarkeit der Widersprüche und der Realisierbarkeit des Menschseins, also an der Erfüllbarkeit der kollektiven Menschheitssehnsüchte festzuhalten. Die Frage, ob diese Hoffnung auch über die Todesgrenze hinausgreift, ob die irdische Identität in einer jenseitigen aufbewahrt wird, wird dabei in den verschiedenen Religionen allerdings unterschiedlich beantwortet.

---

[24] Demostenes Savramis, Religionssoziologie. Eine Einführung, München 1968, 42.

[25] Max Weber, Die protestantische Ethik und der Geist des Kapitalismus, Tübingen 1920.

[26] Ebd., 476.

Untersucht man insbesondere die christliche Religion jedoch auf ihren faktischen Beitrag zur Entwicklung der Humanität des Einzelnen sowie für eine freiheitliche und gerechte Gesellschaftsordnung, so zeigen sich überraschende Widersprüche: Die christliche Religion wirkte in ihrer Geschichte bis heute sowohl revolutionär als auch reaktionär, messianisch als auch resignativ und weltflüchtig, befreiend als auch unterdrückerisch. Religion kann also einmal im Dienst des menschlichen Fortschritts (individuell, sozial, politisch) stehen, zum andern kann sie ihn auch behindern oder ihn sogar zunichte machen. Um diese Doppelfunktion von Religion zu erfassen, hat Erich Fromm eine idealtypische Unterscheidung in zwei Typen von Religion vorgeschlagen.[27] H. E. Bahr hat diese Typologie aufgegriffen und weiterentwickelt.[28] Dies läßt sich schematisch so darstellen:

Typ 1: Die repressiv-autoritäre Religion

Ihre gesellschaftliche Funktion kann als reaktionär, autoritätsfixiert und systemkonform, ihr Einfluss auf das Individuum als manipulativ, entfremdend, domestizierend (Sündenangst mit gleichzeitiger Erzeugung von Opferbereitschaft), ja bisweilen sogar als versklavend bezeichnet werden. (Vgl. Religion als „Opium", als Vertröstung auf ein besseres Jenseits)

Typ 2: Die emanzipativ-humanitäre Religion

Ihre gesellschaftliche Funktion kann als transformierend, befreiend und gerechte Strukturen und Gemeinschaften fördernd, ihr Einfluss auf das Individuum als Heilsgewissheit und Sinn spendend, zu eigenständigem wie auch solidarischem Handeln ermutigend und auch zu prophetischer Kritik befähigend, bezeichnet werden. (vgl. Religion als Protest gegen das Elend, als Kampf für eine bessere Welt, hier und jetzt).

---

[27] Ernst Fromm, Haben oder Sein. Die seelischen Grundlagen einer neuen Gesellschaft, 11. Aufl. München 1981, 130ff.

[28] Vgl. Hans Eckehard Bahr, Ohne Gewalt, ohne Tränen? Religion 1, Religion 2, in: ders., Religionsgespräche, Darmstadt/Neuwied 1975, 48ff.

Der Antagonismus zwischen diesen beiden Typen von Religion hat in unserer Zeit neue Ausprägungen und Spielformen gefunden. Ich denke dabei vor allem an den Gegensatz von Instrumentalisierung der traditionellen Religion im Kapitalismus bei gleichzeitigem Auftreten des Kapitalismus selber als Religion auf der einen Seite und einem befreienden, messianischen Christentum auf der anderen Seite, wobei hier allerdings keine idealtypischen Eins-zu-Eins Abbildungen der oben aufgezählten, unvollständig bleibenden Eigenschaften vorgenommen werden können und auch nicht sollen.

2. Kapitalismus und Religion – Kapitalismus als Religion

Prinzipiell muss auch der Kapitalismus, um bei allen Mitgliedern der Gesellschaft Zustimmung zu erlangen, den Eindruck erwecken, dass er Glück für alle produziert und in seine Verheißungen alle Mitglieder der Gesellschaft eingeschlossen sind (Prinzip der Inklusivität). Doch sowohl die Geschichte als auch der gegenwärtige Zustand der kapitalistischen Gesellschaften beweisen, dass er strukturell unfähig ist, dies praktisch und auf Dauer zu leisten. Gerade deswegen aber tritt er selber als Religion auf und nicht nur als Religionsersatz. Die Thesen von Walter Benjamin führen hier auf den richtigen Weg der Analyse und Kritik der Art und Weise, wie der Kapitalismus auf diesen Zwang reagiert. Als Walter Benjamin 1921 sein berühmtes Fragment *Kapitalismus als Religion* verfasste, äußerte er darin den Verdacht, dass er mit seinen Thesen wohl nicht auf breite Zustimmung hoffen dürfe. Heute wird ihm wohl noch kaum jemand widersprechen.

Der Kapitalismus ist konstitutionell dazu gezwungen, sein Angebot zu erweitern, d.h. sich von der Ebene der Ökonomie auf die Ebene der Religion empor zu schwingen und damit sich selbst als Religion zu präsentieren, die vorhandene traditionelle Religion also nicht nur zu nutzen, sondern sie in allen ihren Funktionen zu beerben. Dies wird besonders in Zeiten der Krise deutlich sichtbar, weil dort seine prinzipielle Ausschließungstendenz öffentlich greifbar wird. Die Unfähigkeit des gegenwärtigen Kapitalismus, eine menschenwürdige Existenz für alle

Menschen auf der Welt zu garantieren und der sich abzeichnende Erdrutsch in die Armut auch in den reichen Gesellschaften Europas, könnten den Kapitalismus in eine allgemeine Legitimationskrise stürzen, der er dadurch zu begegnen sucht, dass er sich religiöse Potenzen aneignet und instrumentalisiert.

Dies soll durch Beschreibung einiger Phänomene verdeutlicht werden, wobei die Tiefenstruktur nicht immer so deutlich zu Tage tritt, wie bei W. Benjamin. Die Grundlinien eines Evangeliums des Marktes bei Friedrich August von Hayek, dem Papst der Neoliberalen, in dessen Zentrum die demütige Unterwerfung des Menschen unter die Vorsehung des Marktes und die Verurteilung der Hybris der Planung stehen, sollen hier nicht entfaltet werden. Denn als größere Herausforderung muss die in den Strategien der Vertreter eines Kultmarketing, wie beispielsweise bei Norbert Bolz und David Bosshart[29], stattfindende Übernahme der Grundeinsicht Walter Benjamins, dass der Kapitalismus eine reine Kultreligion sei, und deren affirmativ-aggressive Entfaltung angesehen werden.

Das Kultmarketing als postmoderne Spielform der Säkularisierung betreibt gleich ein doppeltes Geschäft: Einerseits plündert es hemmungslos die Schätze der jüdisch-christlichen Tradition und beerbt ungeniert die „Werte und Güter" der Kirche wie Gemeinschaftsbildung, Sinnstiftung, Ästhetisierung des Lebens. Andererseits macht es aus der Kritik des Warenfetischismus bei Marx und Benjamin eine skrupellose Affirmation des Fetischcharakters der Ware. Der Kapitalismus wird zur stärksten aller Religionen erklärt.

Ob es um Jeans oder Bier geht, um Autos oder Parfüm, um Versicherungen oder Turnschuhe: Die Werbung ist voller religiöser Symbole und Motive. Das ist nicht neu, und die geschickten Appelle der Marketingstrategen an unser Unterbewusstsein sind auch denjenigen klar, die nie etwas von den Kategorien Bewusstseinsindustrie und Fetisch gehört haben. Die Konsumenten folgen diesen Appellen ohne Gegenwehr und fühlen sich wohl dabei, auch wenn es ihr Geld und am Ende unbemerkt auch das selbstbestimmte Leben kostet.

---

[29] Norbert Bolz, David Bosshart, Kultmarketing. Die neuen Götter des Marktes, Düsseldorf 1995.

Neu ist allerdings die selbstbewusste Verkündigung des Kapitalismus als „ultimativer Religion", die nicht länger vorhandene religiöse Symbole nur aufgreift, sondern direkt die ungesättigten religiösen Bedürfnisse zu befriedigen beansprucht, wozu nach Auskunft der „Trendmagier" Bolz und Bosshart das Christentum zum Beispiel nicht länger fähig ist. Da kaum jemand es erträgt, ohne Sinn – und das heißt eben ohne Religion – zu leben, übernimmt die postmoderne Werbung die Funktion der Religion und entfaltet eine neue Spiritualität des Konsums.

Erstaunlich bis ärgerlich ist, dass ausgerechnet die Überlegungen von Marx entgegen ihrer ursprünglichen Intention benutzt werden, um der Absatzsteigerung und der Inthronisation des Geldes als des obersten Gottes dieser Religion einen Plausibilitätsrahmen zu liefern. Marx hatte, ausgehend von der Unterscheidung zwischen Gebrauchswert und Tauschwert der Ware, gezeigt, wie sich über den Tausch eigenständige Verkehrs- und Lebensformen entwickeln, in deren Zentrum eine wesentliche Umkehrung aller Verhältnisse steht. Die Produkte der menschlichen Hand und des Kopfes herrschen über die Menschen, die damit vom Subjekt in ein Objekt der Verhältnisse verwandelt werden. Die Propheten des Kultmarketing ziehen daraus ihre Konsequenzen. Das Geheimnis der Ware zeigt, dass nicht ihr Gebrauchswert, sondern ihr Tauschwert entscheidend ist. Darüber hinaus verkörpern die Waren als Fetische die Erfüllung von über den unmittelbaren Konsum hinaus weisenden Sehnsüchten. Im Konsum wird das Übersinnliche als ansonsten unfassbarer Überschuss sinnlich greifbar und kann körperlich angeeignet werden. Die Vertröstung auf das Jenseits verwandelt sich in Erfüllung im Diesseits. Das Parfüm „Eternity for men" lässt grüßen. Gleichzeitig wird das Sichtbare, der zweckdienliche Gebrauchswert der Ware, ihre Funktionalität, unsichtbar und verschwindet immer mehr aus der Werbung und damit aus dem öffentlichen Bewusstsein.

Als letzte Täuschung entlässt der Fetischcharakter der Ware aus seiner Zwiespältigkeit die Verheißung einer potentiellen Unendlichkeit. Indem er den Hunger nach mehr wach hält, stellt er sich selbst auf Dauer und verspricht, dass es immer so weiter geht. Dies läuft letztlich auf eine zynische Affirmation der Entfremdung als höchstem Stadium menschlicher Glückseligkeit hinaus. Der fröhliche Einmarsch in die unwiderrufliche Konsumwilligkeit und der Zusammenschluss in Kultgemeinden unter dem Fetisch von Nike oder Calvin Klein könnte allerdings wirklich das oft herbeischwadronierte Ende der Geschichte bedeuten, weil es auch das Ende jeder Erlösungshoffnung wäre.

Dass der Kapitalismus als hemmungsloses Streben nach Profit gewaltförmig ist und ganze Völker dem Hungertode preisgibt, bedarf keines neuerlichen Nachweises. Dass er als Götzenreligion der Raffgier global präsent ist, sehen nicht nur die Globalisierungskritiker. Dass die Mehrung des Shareholdervalue das erste Gebot dieser Gierreligion ist, wird täglich durch das bekannte Band der Aktienkurse, das die Nachrichten begleitet, dokumentiert. Bedeutsamer ist allerdings, dass er sich in letzter Instanz gerade dort als Gewaltverhältnis und in doppeltem Sinne – physisch und geistig – als tödlich entpuppt, wo er das erfüllte Leben, eine diesseitige Stillung der transzendenten menschlichen Sehnsüchte verspricht, also gerade in seiner religiösen Funktion den Tod statt die Auferstehung bringt.

Die biblischen Propheten würden den Kapitalismus als Religion direkt und unverblümt als Götzendienst brandmarken und klarstellen, dass Fetische töten. Dieser Vorwurf dürfte den modernen Warenanbeter kaum stören. Gerade deswegen kann auf die Sichtbarmachung einer anderen religiösen Entwicklungslinie im Folgenden nicht verzichtet werden.

Wo der Kapitalismus nicht selber als Religion erfolgreich auftreten kann, setzt er als seine Stellvertreter immer wieder religiöse Strömungen bewusst in eine sinnstiftende Rolle ein. Gerade weil die Erkenntnis allgemein und öffentlich geworden ist, dass der ökonomische Erfolg vielen Menschen versagt bleibt, bekommt die Auffassung Anziehungskraft, dass dagegen in der Religion jeder seine Erfüllung finden kann; dazu wird vor allem die Einwanderung in die Innerlichkeit angepriesen. In Zeiten der Prosperität bedarf der Kapitalismus dieser Hilfe nicht, da er auch selber die seligmachenden Funktionen des Überbaus wahrnehmen kann. Dies steht nicht in Widerspruch zu der Tatsache, dass unabhängig davon auch das Sinnangebot der traditionellen Religionen auf dem Markt der Möglichkeiten präsent gehalten wird. Nur dort, wo dieses den Kapitalismus als Religion stört, kommt es zum Konflikt. Die Austragungsformen des Konfliktes hängen davon ab, wieweit die traditionelle Religion (oder Religionen) auch unter den Bedingungen des Kapitalismus ihre Fähigkeit unter Beweis stellen kann, Aufgaben der Infrastruktur wahrzunehmen, d.h. einen Orientierungsrahmen für neue Formen der Produktion und Reproduktion des Lebens anzubieten. Folgt man dem Ansatz von Godelier, so wäre es ein Fehlschluss, dass dies aufgrund der Verfasstheit des Kapitalismus prinzipiell nicht möglich ist. Wie dies im Einzelfall aussehen könnte, lässt sich allerdings nicht vorab ausdenken, sondern muss praktisch erprobt und ausgehandelt werden.

Die neuen religiösen Bewegungen (die Pfingstler in Lateinamerika, die Gemeinden der Fernsehprediger, Esoterik, Instantvarianten der Mystik, Abwandlungen der großen fernöstlichen religiösen Religionen etc.) zeitigen oft gerade in den kapitalistischen Zentren auffällige Erfolge dadurch, dass sie das Legitimationsdefizit des Kapitalismus als Sinnangebot ausgleichen und dadurch ihren Marktwert gewinnen. Was sich als erfolgreiche Selbstvermarktung der neuen Pseudo-Religionen darstellt, ist jedoch in Wirklichkeit nichts anderes als der Übergang von der wahren Religion zur Religion als Ware. Da sie nicht bemerken, dass sie ihre gestiegenen Verbreitungschancen der Kapitallogik verdanken, löst sich ihr eigenständiger Gehalt auf und verkommt zur bloßen Anpassungsleistung und Kontingenzbewältigungspraxis. Weil gerade Esoterik, New-Age-Bewegung usw. nie begriffen haben, dass Sinn per se nicht verkäuflich und Erlösung als solche nicht bezahlbar sind, stehen sie angesichts der brennenden Menschheitsfragen ebenso hilflos wie betrügerisch da. Wie allerdings die traditionelle Religion sich gleichzeitig den Marktkräften verweigern und angesichts von deren Dominanz trotzdem überleben kann, ist eine Frage, deren Beantwortung auf eine revolutionäre Veränderung der ökonomischen Verhältnisse hinausläuft. Eine im Sinne von Christentum und Judentum verstandene Religion kann daher nur überleben, wenn es ihr gelingt, sich mit all jenen Kräften zu verbünden, die unter Fortschritt heute eine Überwindung der Destruktionslogik des Kapitals und der Beendigung seiner ideologischen Allmacht verstehen.

Um dieses Problem zu bewältigen, muss aber im Sinne der Frommschen Typologie das traditionelle Christentum und seine kulturelle Form als abendländische Christenheit transformiert werden in eine humanitär-revolutionäre Religion, oder besser gesagt: in eine messianisch-prophetische Praxis der Nachfolge. Eines aber muss dabei gelten: Nur die Abkehr vom Opfer- und Vergeltungsdenken macht aus der Religion ein friedfertiges Geschäft. Der Kapitalismus allerdings ist zu solcher Gewaltfreiheit nicht fähig.

3. Versöhnung statt Rache - Die Zukunft einer humanitären Religion

Nach den Angriffen auf das World-Trade-Center am 11. September 2001 stand plötzlich das Stichwort „Religion“ auf jeder Tagesordnung. Zwei Fragen drängten sich dabei auf: Wie verhalten sich Religion und Gewalt zueinander? Was ist aus der Säkularisierung unserer westlichen Gesellschaften geworden?

Ungeklärt ist, ob hinter den Vorfällen vom 11. September 2001 wirklich ein islamischer Fundamentalismus als Drahtzieher stand. Fest steht, dass damit eine archaische Form von Religion wieder ins Licht der Weltöffentlichkeit rückte, die durch eine schicksalhafte Verquickung mit Gewalt geprägt ist. Die Vorstellung von einem Heiligen Krieg schlägt schon länger traditionelle Widersacher in ihren Bann, das US-Imperium und seine Gegner im nahen und ferneren Osten, die Regierungen Israels und die palästinensischen Intifada-Gruppen. Wie einst die Rettung des wahren Glaubens die Verbrennung der Ketzer rechtfertigte, so muss auch heute eine heilige Mission erfunden werden, die den Gegner zu dem Bösen, zum westlichen Teufel oder zum östlichen Terroristen macht, um dann sein Menschsein ideologisch und physisch auslöschen zu dürfen. Die bange Frage drängt sich auf: Liegt in einer strukturellen Gewaltverfallenheit das geheime Verbindungsstück sowohl zwischen den monotheistischen Religionen wie Judentum, Christentum und Islam, als auch mit ihrem designierten Konkurrenten, den angeblich säkularisierten westlichen Gesellschaften? Auch die Aufklärung ging über Leichen (französische Revolution) und ihre bürgerlichen Erben ebenso. Gibt es einen Ausweg aus dieser beängstigenden Spiegelbildlichkeit?

Blicken wir in die Geschichte und theologische Entwicklung zurück. In Auseinandersetzung mit der erkennbaren Verschränkung von Religion und Gewalt fand in langen Zeiträumen im Rahmen der jüdisch-christlichen Tradition ein Prozess der fortschreitenden Reinigung des Gottesverständnisses und des Gottesglaubens von seinen archaischen Gewaltbezügen und Opfervorstellungen statt, die historisch in Praxis und Lehre des Jesus von Nazareth zu einem, wie ich glaube, bisher nicht überbotenen Höhepunkt gelangte. Gleichzeitig endet damit aber auch eine bestimmte Form von Religion.

Die biblische Auseinandersetzung mit der als unverfügbar erfahrenen Schicksalsmacht, Gott genannt, ist von Anfang an als Differenzierungs- und Lernprozess angelegt, der als „Befreiung von einem Gott der Gewalt“, dabei alle drei großen monotheistischen Religionen einbeziehend, beschrieben werden kann. Einige Stationen dieses Prozesses sollen kurz angesteuert werden.

Die Paradiesgeschichte, die den Ursprung des Bösen erklären will, ist geprägt von einer in der Doppelung des Gottesnamens in Jahwe und Elohim enthaltenden Spannung zwischen der liebend umsorgenden Schicksalsmacht des „Ich bin da (für euch)“ einerseits und der älteren Vorstellung des gewalttätigen herrscherlichen El, einer titanenhaften, dem Kronos ähnlichen Allgewalt andererseits, die zudem im Gottesnamen als Plural „Elohim“ auftritt. Im Garten Eden dominiert Jahwe, außerhalb regiert Elohim. Die todbringende List der Schlange besteht darin, dass sie die fürsorgliche Warnung Jahwes („Tut es bitte nicht!“) in ein Gebot Elohims zu verwandeln vermag, das zur Übertretung, zum Übertritt und Austritt reizt. Der Mensch ahmt die Elohim nach und wird damit zum Götzen. Die Ursünde der Stammeltern geschieht als Machtergreifung. Sofern diese durch den Bruch mit Jahwe nicht mehr von innen, vom Paradiese her, legitimiert ist, wird sie zum todbringenden Fluch der Jahwe-Ferne, deren Früchte Zwietracht und Brudermord sind. Der erste Anlauf zu einer Befreiung von den Elohim ist misslungen. Wie Gott sein zu wollen, ist die regressive Fixierung auf ein mythologisches Gottesbild. Daher gibt es in Israel im strengen Sinne keine Hybris, sondern nur Abfall in die Idolatrie.

In der Geschichte von Abraham, dem Stammvater der drei großen monotheistischen Religionen, wird in der Verhinderung der Opferung des Isaak (respektive Ismael in bestimmten Überlieferungen des Islam) ein Schlusspunkt unter die brutale Praxis der Menschenopfer gesetzt. Fürderhin darf kein Mensch mehr geopfert werden, um die Götter gnädig zu stimmen. Überdeutlich sind in dieser Geschichte die Bemühungen um eine Tilgung aller Bindungen an den Typus der Raubtiergottheit, des Moloch, des Baal und anderer gefräßiger Urgottheiten der Israel umlagernden Hochkulturen.

Mose, der Vater der Thora, und damit der eigentliche (fiktive?) Begründer des spezifisch israelitischen und später jüdischen Gottesverhältnisses, ringt in direkter Auseinandersetzung mit seinem Gott diesem ab, dass er sich an menschliche Gesetze – im doppelten Sinne – zu halten hat. Der Dekalog ist ein Kontrakt. Israel unterwirft sich nicht der Schicksalsmacht, sondern geht auf sie zu, in dem festen Glauben, dass Gott sich im Dialog ändert. Auch das ist nicht Hybris, es ist eine in der Tiefe des Gottesglaubens waltende Zuversicht, Anspruch auf Gleichberechtigung. Größeres wurde in der Religionsgeschichte nirgendwo gedacht. Diese dem Judentum eigene Dialogorientierung durchzieht auch die Schriften der Propheten bis hin zu dem Rabbi Jesus aus Nazareth.

Es darf hier nicht unterschlagen werden, dass auch das Prinzip „Auge um Auge, Zahn um Zahn“ in der jüdischen Religion eine Rolle spielt. Gesicherte Erkenntnisse sprechen dafür, dass in ihm eine Domestizierung maßloser Rachegedanken und ihrer Generationen begleitenden Aufrechterhaltung vorliegt und es daher zu Recht in die Bibel gelangte. Auf die Dauer aber führt auch diese Regelung dazu, dass alle blind und zahnlos werden, was nicht als vernünftig anzusehen ist. Jesus hat die tödliche Logik des Vergeltungsdenkens in den Maximen der Bergpredigt überwunden. Auch wenn nur wenige in der Geschichte der Kirche und des Abendlandes die neue Logik der Gewaltüberwindung zu einer gültigen Praxis werden ließen, führt kein Weg an der Einsicht vorbei, dass die schier unüberwindlich scheinende Aggressionsbereitschaft des Menschengeschlechts nur so eingedämmt und schlussendlich überwunden werden kann.

Die Deutung des Kreuzestodes Jesu als Sühneopfer wirft die Frage auf, ob ein blutiges Opfer die endgültige Versöhnung bringen kann, und kann nach einigem Nachdenken als Fehl-Interpretation verworfen werden. Jesus lässt sein eigenes Leben los und damit alle Gewalt der Selbstbehauptung hinter sich. Er zeigt uns damit exemplarisch den Weg der Erlösung als Befreiung vom Zwang, das zerstören zu müssen, was unsere Identität bedroht. Wer Jesus auf seinem Weg nachfolgt, wird ein höheres Leben gewinnen, weil er es nicht als Ich-AG krampfhaft bewahren will.

Mit Tod und Auferstehung Jesu konstituiert sich endgültig das letzte Stadium der Transformation der Schicksalsmacht in einen menschgewordenen und leidensfähigen und leidensbereiten Gott. Gott verhängt nicht Gewalt, sondern erleidet Gewalt, um die Gewalt für immer zu beseitigen. Wenn die unmenschliche Gewalt nach dem Tode Jesu trotzdem bleibt, heißt dies nicht, dass dieses Gottesbild falsch ist, sondern dass das, was ist, noch nicht alles oder das Ende ist. Eine der unaufgebbaren Errungenschaften der jüdisch-christlichen Tradition ist eine Vermittlung von Glauben und Denken, die eine neue Qualität des Wissens geschaffen hat: das leidvolle Wissen. Damit tritt ein neuer Typus von Religion auf, der es nun schwer macht, weiterhin univok von Religion zu reden. Dieser neue Typus ist gekennzeichnet durch die Negation des Bestehenden, durch den Protest gegen das Elend, durch die „Unterbrechung“ des ewigen „Es geht immer so weiter“.

In der Jesusbewegung hat sich lange das Bewusstsein erhalten, dass es keinen Kompromiss mit den Gewaltstrukturen des römischen Reiches geben darf. Kriegsdienst und Todesstrafe wurden einhellig abgelehnt. Nach den Zeiten der Verfolgung und der berühmt-berüchtigten konstantinischen Wende wurde das Christentum staatstragend und damit – im engeren Sinne – erst zu dem Typus von Religion, der damals wie heute mehrheitlich nachgefragt wurde und wird. Gemeint ist Religion als ritualisierter Umgang mit unverfügbaren Mächten.

Priester gelten ursprünglich als Experten im Umgang mit solchen Mächten. Sie wissen, was man tun muss, um diese Mächte gut zu stimmen, zum Beispiel wie sie durch Opfer zu besänftigen sind. So antwortete auch das Christentum der vergangenen Jahrhunderte ziemlich erfolgreich auf die Grundfragen: Was muss man tun, um dem als Herrn über Leben und Tod, über Natur und Geschichte begriffenen Gott zu dienen und um Unheil zu vermeiden? Wo diese Fragen verstummen, werden auch die Antworten obsolet. Wie soll es weitergehen?

Gerade im Kontext der unverhohlenen Gewaltbereitschaft der Religion des amerikanischen Imperiums und seines Widersachers sowie des sie verbindenden Glaubens an die gewaltsame Durchsetzung des Guten, erhalten die Überlegungen von Dietrich Bonhoeffer zur Möglichkeit eines „religionslosen Christentums", die er wohl nicht ohne Grund in einer gewaltverseuchten Zeit entwickelte, neue Brisanz und eine zusätzliche Bedeutung. Thomas Ruster[30] hat gezeigt, dass das Christentum als Religion gegenwärtig nicht mehr zu leisten vermag, was das Publikum seit jeher von Religion erwartet: den Umgang mit unverfügbaren Mächten zu regeln, das heißt sie verfügbar zu machen. Diese Aufgabe erfüllt der Kapitalismus besser, der uns zeigt, wie man mit dem neuen Gott/Götzen, der alles bestimmenden Macht des Geldes, umzugehen hat. Im Umgang mit dieser Macht versinkt das Christentum immer mehr in sprachloser Ohnmacht, seitdem es nach dem Scheitern des Zinsverbotes darauf verzichtet hat, seinen Machtbereich einzugrenzen.

Misserfolg und Chance des gegenwärtigen Christentums hängen daher davon ab, ob es zu lernen im Stande ist, ein in dem Sinne religionsloses Christentum zu sein, dass es einer endgültigen Entflechtung von Glauben und gewaltförmiger weltlicher Macht zustimmt. Das Christentum, für den Islam kann ich keine analoge Prognose formulieren, hört dann zwar auf, eine Religion des dominanten Typus zu sein, wird aber unter Vergewisserung seiner jüdischen Wurzeln zur Verkündigung eines „unverwechselbaren Gottes", der nicht ein Begriff ist, sondern einen anrufbaren Namen hat, weil er für eine Befreiungsgeschichte steht.

---

30 Thomas Ruster, Der verwechselbare Gott. Theologie nach der Entflechtung von Christentum und Religion, Freiburg, Basel, Wien 2000.

Der Kapitalismus als Religion vollendet das Verhängnis der Neuzeit und erweist sich als die inverse Größe zum jesuanischen Liebesgebot. Der Raubtierkapitalismus spielt im Kapitalismus als Religion die Rolle, die der Fundamentalismus in den alten Religionen spielt. Die Rachegottheit kehrt zurück, einmal als der Moloch des totalen Marktes, zum andern als fundamentalistischer Rückfall der traditionellen Religionen in ihre Vorgeschichte eines von Strafe, Opfer und Vergeltung geprägten Gottesverständnisses.

Das Reich Gottes und seine Gerechtigkeit als himmlischer Kern des Irdischen

Ein Beitrag zur religionskritischen Unterscheidung der Geister[1]

Urs Eigenmann

Einleitung

Im Titel des Beitrags sind drei Momente eines kategorialen Rahmens genannt, mit dem das Christentum dargestellt werden soll. Einleitend werden diese drei Momente erläutert.

Das Reich Gottes und seine Gerechtigkeit für die Erde als Thema der ganzen Bibel

Zum einen ist die Rede vom Reich Gottes und seiner Gerechtigkeit. Das weist auf die Mitte der Sendung Jesu hin. Unbestritten ist: Jesus verkündete weder sich selbst noch einen abstrakten Gott, sondern das Reich Gottes. Dieses ist – wie Leonhard Ragaz festgestellt hat – nicht nur das Zentrum von Botschaft und Praxis Jesu, sondern das Thema der ganzen Bibel. Ragaz spricht vom „[...] Reich Gottes und seiner Gerechtigkeit für die Erde."[2] Dieses „für die Erde" betont er; denn das Reich Gottes hat „[...] nichts mit dem Jenseits zu tun, sondern heißt einfach: Reich Gottes, und zwar für die Erde."[3]

---

1 Eine Kurzfassung dieses Beitrags trug ich bei der interreligiösen Tagung vom 22./23. Mai 2016 im Zürcher Volkshaus vor: Welche Religion für welche Gesellschaft? – Tagung des ZIID – Zürcher Institut für interreligiösen Dialog zusammen mit der Religiös-Sozialistischen Vereinigung der Deutschschweiz (RESOS). Die Publikation einer umfangreicheren Fassung ist geplant: Urs Eigenmann, Christentum – Das Reich Gottes und seine Gerechtigkeit als himmlischer Kern des Irdischen. Ein Beitrag zur Unterscheidung der Geister, in: Michel Bollag/Hanspeter Ernst/Rifa'at Lenzin (Hg.), Welche Religion für welche Gesellschaft?, Münster 2017.

2 Leonhard Ragaz, Die Botschaft vom Reiche Gottes. Ein Katechismus für Erwachsene, Bern 1945, 10. Ragaz schloss dieses Buch im September 1941 ab (vgl. ebd. 8).

3 Ebd. 11; vgl. ebd. 13.

Der himmlische Kern des Irdischen und die Kritik der mythischen Vernunft

Als zweites Moment ist vom „himmlischen Kern des Irdischen" die Rede. Dies bezieht sich zunächst auf Franz Hinkelammerts Umkehr einer Formulierung von Karl Marx. Dieser sprach vom „[...] irdischen Kern der religiösen Nebelbildungen [...]"[4], der gefunden werden kann. Mit Hinkelammert geht es aber im christlichen Ursprung der Moderne „gar nicht um einen Himmel [...], dessen irdischer Kern zu entdecken wäre. Es ging von Anfang an um den himmlischen Kern des Irdischen. [...] Es handelt sich um das, was die Welt ‚im Innersten zusammenhält'."[5] „Dieser himmlische Kern des Irdischen [ist] [das] Reich Gottes."[6] Dann weist die Rede vom himmlischen Kern des Irdischen auf das hin, was als „Kritik der mythischen Vernunft"[7] umschrieben werden kann. Diese geht davon aus, „[...] dass mythisches Denken niemals als irrational begriffen werden darf. Mythisches Denken ist vielmehr rational, arbeitet jedoch nicht mit Begriffen. [...] Das begriffliche Denken ersetzt also nicht das mythische Denken, sondern setzt es voraus."[8] Bei der Kritik der mythischen Vernunft geht es um die kritische Reflexion von Status und Funktion mythischer Kategorien. In Bezug auf den Status mythischer Kategorien geht es darum, dass diese nicht eine eigene, supranaturale oder jenseitige Wirklichkeit zum Gegenstand haben, sondern dass sie eine bestimmte Weise darstellen, sich über die historische Wirklichkeit zu äußern. „Wenn jemand über den Himmel spricht, spricht er nicht über den Himmel. In der Form des Himmels spricht er über die Erde."[9] In Bezug auf die Funk-

---

4 Karl Marx, Das Kapital. Kritik der politischen Ökonomie, Erster Band, Berlin 1981, 393, Anm. 89.

5 Franz J. Hinkelammert, Das Subjekt und das Gesetz. Die Rückkehr des verdrängten Subjekts, Münster 2007, 430 f.

6 Ebd. 430; vgl. Franz J. Hinkelammert, Der Fluch, der auf dem Gesetz lastet. Paulus von Tarsus und das kritische Denken, Luzern 2011, 211 f.

7 Vgl. Hinkelammert, Das Subjekt und das Gesetz 439.

8 Ebd. 333.

9 Franz J. Hinkelammert, Der Schrei des Subjekts. Vom Welttheater des Johannesevangeliums zu den Hundejahren der Globalisierung, Luzern 2001, 10.

tion mythischer Kategorien geht es um die Frage, ob sie die herrschenden Verhältnisse stabilisieren oder im Dienst von deren Veränderung stehen. „Der Himmel kann vertrösten, sogar paralysieren. Er kann aber auch zur Rebellion führen. Es hängt davon ab, was man sich unter dem Himmel vorstellt, denn immer gilt: Wie im Himmel, so auf Erden. Die Antizipation des Himmels ist der Kern der irdischen Praxis."[10] Die Kritik der mythischen Vernunft lässt jenseits der Skylla einer naiv-aufklärerischen Entmythologisierung und der Charybdis einer ontologisierenden Vergegenständlichung mythischer Kategorien die biblischen Texte ernst statt wörtlich nehmen, wie der jüdische Theologe und Religionswissenschaftler Pinchas Lapide fordert, wenn er feststellt: „Es gibt im Grunde nur zwei Arten des Umgangs mit der Bibel: man kann sie wörtlich nehmen oder man nimmt sie ernst. Beides zusammen verträgt sich nur schlecht."[11]

Authentisches Christentum, verkehrte Christenheit und die religionskritische Unterscheidung der Geister

Als drittes Moment ist von der „religionskritischen Unterscheidung der Geister" die Rede. Das bezieht sich auf die von Franz Hinkelammert formulierte Erkenntnis, dass die im Zuge der Konstantinischen Wende im 4. Jahrhundert erfolgte „[...] Christianisierung des Imperiums [...] in Wirklichkeit eine Imperialisierung des Christentums [war]"[12]. Es fand eine Verkehrung des messianischen Christentums in die imperiale Christenheit statt, die von dieser Welt ist.[13] Die Rede von der religionskritischen Unterscheidung der Geister meint vor dem Hintergrund dieser Verkehrung, dass seit der Konstantinischen Wende im 4. Jahr-

---

10 Hinkelammert, Der Fluch, der auf dem Gesetz lastet, 203.

11 Pinchas Lapide, Ist die Bibel richtig übersetzt?, Gütersloh[4] 1992, 12.

12 Hinkelammert, Der Fluch, der auf dem Gesetz lastet 234; vgl. Hinkelammert, Der Schrei des Subjekts 212.

13 Vgl. ebd. 270. Der Begriff „Verkehrung" zur Qualifizierung der Konstantinischen Wende verwendete bereits Friedrich Loofs (1858-1928). Harnack zitiert seinen Schüler und Freund ohne weitere Quellenangabe: „Die Apologeten haben den Grund gelegt zur Verkehrung des Christenthums in eine offenbarte Lehre" (zit. in: D. Adolf Harnack, Dogmengeschichte, Vierte verbesserte und bereicherte Auflage, Tübingen 1905, 110).

hundert und der Kolonisierung ab dem 15. Jahrhundert zwischen dem authentischen, prophetisch-messianischen Christentum und der verkehrten, imperial-kolonisierenden Christenheit unterschieden werden muss. Ohne diese Unterscheidung können die zentralen Konflikte im Christentum, namentlich die z. T. heftigen Auseinandersetzungen um die lateinamerikanische Theologie der Befreiung nicht wirklich theologisch verstanden werden.[14] Vor dem Hintergrund dieser drei Momente eines kategorialen Rahmens soll das Verständnis des Christentums in fünf Thesen dargelegt werden.

1. These: Der Gott des Juden Jesus von Nazareth war der Gott des Exodus:

> *Der Gott des Juden Jesus von Nazareth war der Gott des Exodus. Dieser offenbarte sich außerhalb der Pax Aegyptica als befreiender Gott der Geschichte. Seine Offenbarung geschah als Offenlegung der Verhältnisse in der Welt. Im Namen des Exodusgottes wurden Regelungen für das gesellschaftliche Zusammenleben erlassen.*

1.1 Das Erste Testament als Bibel des Juden Jesus von Nazareth

Spätestens seit der als „The ‚third quest‘ for the historical Jesus“ bezeichneten fünften Phase der Leben-Jesu-Forschung[15] ist davon auszugehen, dass Jesus von Nazareth als Jude geboren wurde, als Jude gelebt hat und als Jude gekreuzigt worden ist. „Für alle Strömungen innerhalb der ‚third quest‘ [...] gilt: Die Jesusforschung löst sich eindeutig vom ‚Differenzkriterium’ [wonach Jesus vor allem im Kontrast zu Judentum und Urchristentum wahrgenommen wird,[16] U. E.] [...] [und] tendiert zu einem *historischen Plausibilitätskriterium*: Was im jüdischen Kontext plausibel ist und die Entstehung des Urchristentums verständlich macht,

[14] Vgl. Urs Eigenmann, Von der Christenheit zum Reich Gottes. Beiträge zur Unterscheidung von prophetisch-messianischem Christentum und imperial-kolonisierender Christenheit, Luzern 2014, 9.

[15] Vgl. Gerd Theissen/Annette Merz, Der historische Jesus. Ein Lehrbuch, Göttingen 1996, 28 f.

[16] Vgl. ebd. 26.

dürfte historisch sein."[17] Für den Juden Jesus von Nazareth bildeten jene Schriften die Bibel, die heute als Erstes Testament bezeichnet werden.[18] Dieses ist deshalb integraler Bestandteil des Christentums. Innerhalb des Ersten Testaments ist der Exodus zentrale Referenzgrösse und „[...] strukturierender Mittelpunkt [...]"[19] sowohl für das Verständnis des Glaubens an und der Rede von Gott als auch für deren Bedeutung für die Gestaltung von Gesellschaft und Welt.

1.2 Die Exoduserzählung als befreiungstheologische Botschaft

Um die „befreiungstheologische Botschaft"[20] der Exodusüberlieferung ernst und nicht wörtlich zu nehmen, gilt mit dem Ägyptologen Jan Assmann: Zum einen: „Nicht ‚was ist eigentlich geschehen beim Auszug aus Ägypten?' und ‚Wer war Mose wirklich?' sind die Fragen, die sich an die Exodus-Tradition sinnvoll stellen lassen, sondern: ‚Warum wird die Geschichte erzählt, in welcher Beleuchtung und Bewertung?"[21] Zum anderen: „So wenig man der Exodus-Erzählung in allen Einzelheiten [...] historische Wahrheit zusprechen möchte, so verfehlt wäre es gewiss, ihr andererseits jeden wahren Kern abzusprechen [...]. Ein besonderes Ereignis wird es gegeben haben, das von den Betroffenen als rettende Intervention JHWHs erfahren wurde [...]."[22] Zum Dritten:

---

[17] Ebd. 29 (Hervorhebung im Original). Die von Theissen/Merz in diesem Zusammenhang polemisch formulierte (Ab)qualifizierung der Jesusdeutung John Dominic Crossans als „[...] mehr kalifornisches als galiläisches Lokalkolorit zu haben" (ebd.) ist schwer nachvollziehbar.

[18] Vgl. Urs Eigenmann, Kirche in der Welt dieser Zeit. Praktische Theologie, Zürich 2010, 59 f.

[19] Rubem Alves, zit. in: Enrique Dussel, Das Exodus-Paradigma in der Theologie der Befreiung, in: Concilium 23 (1987), 54-60, hier: 54.

[20] Jan Assmann, Exodus. Die Revolution der Alten Welt, München 22015, 101.

[21] Ebd. 54.

[22] Ebd. 71. Thomas Staubli konkretisiert das: „Zum Ende der ägyptischen Vorherrschaft in Vorderasien hin rebellieren hebräische Gruppen gegen die ägyptische Unterdrückung. In dieser Opposition gewinnen sie Profil und Identität. Jahwe, der Gott der Midianiter, wird dabei als befreiender Schutzgott erfahren. Die Erfahrung der HebräerInnen wird zu einem prägenden Bestandteil der späteren israelitischen Religion und Kultur" (Thomas Staubli, Begleiter durch das Erste Testament, Düsseldorf 1997, 167). Zur Frage nach historischen Fakten und literarischer Fiktion im Zusammenhang mit dem Exodus vgl. Christoph Dohmen, Exodus 1-18, Freiburg im Breisgau 2015, 71-78. Dohmen geht

„Ägypten war die klarste Ausprägung der Welt, aus der ausgezogen werden musste, um in die Welt der Bibel [...] einziehen zu können."[23] Zur Erläuterung dessen, was er als „Exodus-Paradigma" bezeichnet, entwickelte Enrique Dussel ein Schema, das diesen Ausführungen zugrundeliegt.[24] (vgl. Schema Pax Aegyptica im Anhang)

In dem vom Pharao beherrschten Ägypten rebelliert der am pharaonischen Hof aufgewachsene Moses gegen die Unterdrückung der Hebräerinnen und Hebräer. Als er sieht, dass ein Ägypter einen Hebräer schlägt, erschlägt er seinerseits den Ägypter (vgl. Ex 2,11 f.). Weil dies ruchbar wird, muss er Ägypten verlassen und geht nach Midian (vgl. Ex 3,14.15).[25] Dort –außerhalb Ägyptens– offenbart sich ihm Jahwe (vgl. Ex 3,7-14). Dieser kann sich erst außerhalb Ägyptens offenbaren, weil dieses vom Pharao als Totalität beherrscht wird und ein System der Sünde ist.[26]

1.3 Zur Gottesoffenbarung in Ex 3,7-14 und deren Implikationen

Zumindest fünf Aspekte sind bei der Offenbarung Gottes im Buch Exodus auszumachen.

Offenbarung Jahwes als Offenlegen der Verhältnisse in der Welt

Zunächst fällt auf, dass bei der ersten Erwähnung Gottes von diesem gesagt wird, er habe das Stöhnen der Israeliten gehört (vgl. Ex 2,24).

---

davon aus, „[...] dass Verhältnisse aus anderen Zeiten und damit ganze andere Erfahrungen den Anstoß zur (Re)Konstruktion einer Exoduserinnerung gegeben habe[n]. In den Exoduserzählungen lassen sich Elemente finden, die in die assyrische oder die babylonische (exilische) oder auch in die persische Zeit weisen. Entsprechend liegen Hypothesen vor, die die Exoduserzählung bzw. Teile von ihr als Auseinandersetzung mit den Verhältnissen der salomonischen, assyrischen, exilischen oder auch persischen Zeit deuten" (ebd. 75 f.).

23 Assmann, Exodus 397. Vgl. zu den unterschiedlich akzentuierten Auslegungen des Exodus: Dohmen, Exodus 61; Michael Walzer, Exodus und Revolution, Berlin 1988.

24 Diese Darstellung des Schemas geht auf Enrique Dussels Vorlesungen während seiner Gastprofessur an der Universität Freiburg/Schweiz im Sommersemester 1981 zurück, die ich selbst gehört habe. Die Theologische Fakultät dieser Universität verlieh Dussel 1981 das Ehrendoktorat.

25 Vgl. Dohmen, Exodus 121-123.

26 Vgl. Dussel, Das Exodus-Paradigma in der Theologie der Befreiung 55.

Auch in seiner Offenbarung dem Mose gegenüber ist das erste Wort Jahwes nicht ein Wort über sich selbst, sondern eines über die Lage seines Volkes: „Ich habe das Elend meines Volkes in Ägypten gesehen und ihre laute Klage über ihre Antreiber habe ich gehört. Ich kenne ihr Leid" (Ex 3,7). Dies macht deutlich: Die Offenbarung Gottes über sich und das Offenlegen der sozio-historischen Verhältnisse sind wie die zwei Seiten einer Medaille. Offenbarung Gottes und Offenlegen der Weltverhältnisse sind konstitutiv aneinander gebunden.

Offenbarung der solidarischen Wo-Identität Jahwes in einem historischen Kontext

Im Anschluss an die ersten Worte über Elend, Klage und Leid seines Volkes erklärt Jahwe: „Ich bin herabgestiegen, um sie der Hand der Ägypter zu entreißen" (Ex 3,8). Damit offenbart Jahwe seine Parteilichkeit und seine befreiende Absicht. In der Offenbarung gegenüber dem Mose bestimmt er sich über eine solidarische Wo-Identität[27] auf der Seite seines leidenden Volkes. In seiner historischen Verortung offenbart er sein solidarisch-befreiendes Wesen. Das drückt er auch aus in seiner Antwort auf die Frage nach seinem Namen, nämlich: „Ich bin der ‚Ich-bin-da.'" (Ex 3,14). Thomas Staubli übersetzt dies mit – „Ich werde dasein, als der ich dasein werde (Ex 3,14)" und legt es u. a. so aus: „Ihr könnt euch darauf verlassen, dass ich da bin, wenn Not ist."[28] Von daher laufen die Versuche, diesen Gott mit „[...] Gott als das (absolute) Sein jenseits des Seienden [...] in Verbindung [zu bringen], dem Geist der Erzählung strikt zuwider [...]."[29]

---

27 Vgl. Christian Duquoc, Von der Frage „Wer ist Gott?" zur Frage „Wo ist Gott?", in: Concilium 28 (1992), 282-288. Duquoc erklärt: „Es ist wichtiger, den Ort, wo Gott handelt, zu erkennen, als zu wissen, wer Er ist" (ebd. 284). „Gott ist dort, wo der Arme, der Ausgeschlossene, der Verachtete lebt" (ebd. 286). „Der vornehmste Zeuge für Gott in der Welt ist, wer in ihr keinen Platz hat" (ebd.).

28 Staubli, Begleiter durch das Erste Testament 169.

29 Assmann, Exodus 173.

Der Exodusgott ist nicht Garant bestehender Verhältnisse und deshalb vor allem ein Gott des Lebens und nicht des Kultes

Der Gott, der sich dem Mose offenbarte, ist kein Staatsgott auf der Seite irdischer Machthaber zur Stabilisierung der bestehenden Verhältnisse, er ist auch kein Naturgott als Ursache und Garant einer kosmischen Ordnung und er ist kein Gott bloß privater Innerlichkeit in (ver-)tröstender Absicht. Er ist vielmehr ein Gott der Geschichte, der sich dem Mose zwar persönlich, aber in einem ökonomisch-politischen Zusammenhang als parteiisch-befreiender Gott offenbarte. Jahwe offenbart sich im Buch Exodus zunächst und vor allem als ein befreiender Gott des Lebens und der Geschichte und deshalb nicht als ein zu verehrender Gott des Kultes. Erst nach seiner Offenbarung ist von einem Kult die Rede, wenn Jahwe dem Mose aufträgt, mit den Ältesten Israels zum König von Ägypten zu gehen und diesem zu erklären: „Jahwe, der Gott der Hebräer, ist uns begegnet. Und jetzt wollen wir drei Tagesmärsche weit in die Wüste ziehen und Jahwe, unserem Gott, Schlachtopfer darbringen" (Ex 3,18).

Der Glaube an Jahwe ist keine Welterklärungsformel, sondern konstitutiv mit einer Weltgestaltungsvision verbunden

„Der Gott des Exodus ist keine Welterklärungsformel zur Beantwortung irgendwelcher Rätsel der Natur, des Lebens oder der Geschichte, sondern der Glaube an ihn ist mit einer befreienden Weltgestaltungsvision für ein gutes Leben aller und deshalb mit einem Projekt der Befreiung aus Ausbeutung und Unterdrückung verbunden."[30] Der Glaube an diesen Gott hat selbstverpflichtende – auto-obligative – Qualität oder es ist nicht der Glaube an den Gott des Exodus. So werden die vielfältigen Regelungen des Zusammenlebens zum Schutz der Schwachen und zum Erhalt des gesellschaftlichen Zusammenhangs in den Büchern Exodus (vgl. Ex 20,2), Levitikus (vgl. Lev 19,34) und Deuteronomium (vgl. Dtn 15,15) jeweils mit der Erinnerung an Jahwes befreiendes Handeln begründet.

[30] Eigenmann, Kirche in der Welt dieser Zeit 47 f.

In der Gottesoffenbarung des Exodus ist der methodische Dreischritt Sehen – Urteilen – Handeln enthalten

In der Offenbarungserzählung des Exodus ist der methodische Dreischritt von Sehen – Urteilen – Handeln enthalten. Jahwe sieht, hört und erkennt die Lage seines Volkes (Sehen); er findet sich damit nicht ab (Urteilen); er will das Volk der Hand der Ägypter entreißen (Handeln).[31]

[31] Dieser Dreischritt geht in der römisch-katholischen Kirche auf die vom nachmaligen Kardinal Joseph Cardijn am 18. April 1925 gegründete spezialisierte Katholische Aktion zurück, wurde von Papst Johannes XXIII. in der Enzyklika Mater et magistra (MM 261) empfohlen, war leitend bei der Zuordnung von Zeichen der Zeit und Licht des Evangeliums in der Pastoralkonstitution über die Kirche in der Welt dieser Zeit Gaudium et spes des Zweiten Vatikanischen Konzils (vgl. GS 4), wurde von der lateinamerikanischen Theologie der Befreiung zur sozial-analytischen, hermeneutischen und praktischen Vermittlung des Glaubens kritisch weiterentwickelt (vgl. Eigenmann, Kirche in der Welt dieser Zeit 42-46) und vom Bistum Basel als wohl einzigem im deutschen Sprachraum in einem praktisch-theologischen Arbeitsinstrument rezipiert und methodisch detailliert entfaltet (vgl. Pastoralamt des Bistums Basel, (Hg.), „Suchet zuerst das Reich Gottes und seine Gerechtigkeit ..." Ein Arbeitsinstrument für pastorales Handeln im Bistum Basel, Solothurn 1993, [3]1995). „In der reformierten Kirche ging – ohne dies begrifflich so zu benennen – Leonhard Ragaz bereits in seinem für die Entwicklung des religiösen Sozialismus wichtigen Vortrag vor der Schweizerischen Predigergesellschaft im September 1906 ‚Das Evangelium und der soziale Kampf der Gegenwart' (vgl. Leonhard Ragaz, Das Evangelium und der soziale Kampf der Gegenwart, Basel [2]1907) nach dem Dreischritt vor (Sehen: ebd. 2-19; Urteilen: ebd. 20-60; Handeln: ebd. 60-66)." (Eigenmann, Kirche in der Welt dieser Zeit, 45).

2. These: Jesus bezeugte das Reich Gottes und seine Gerechtigkeit für die Erde:

Im Namen des Exodusgottes bezeugte Jesus das Reich Gottes. Dieses meint eine säkulare, universal-egalitär-solidarische Vision des Zusammenlebens. Es beinhaltet eine historisch-utopische Doppeldimension und ist der himmlische Kern des Irdischen. Das Reich-Gottes-Zeugnis Jesu führte zu dessen Kreuzigung durch die Pax Romana.

2.1 Die Mitte der Sendung Jesu war das Reich Gottes und dessen Gerechtigkeit für die Erde[32]

Aufgrund des biblischen Befundes im Zweiten Testament steht zweifelsfrei fest: Jesus aus Nazareth, auf den sich das Christentum beruft, hat nicht sich selbst, kein neues Gesetz und nicht einen abstrakten Gott verkündet. Vielmehr war die Mitte seiner Sendung das, was er als Reich Gottes und dessen Gerechtigkeit bezeichnet hat. Im Markusevangelium heißt es: „[E]r verkündete das Evangelium Gottes und sprach: Die Zeit ist erfüllt, das Reich Gottes ist nahe. Kehrt um, und glaubt an das Evangelium“ (Mk 1,14 f.). In der Bergpredigt sagt Jesus: „Euch aber muss es zuerst um sein [Gottes, U. E.] Reich und um seine Gerechtigkeit gehen“ (Mt 6,33). Die Seinen lässt er bitten: „Unser Vater im Himmel, dein Name werde geheiligt, dein Reich komme, dein Wille geschehe, wie im Himmel, so auf der Erde“ (Mt 6,9 f.). Ragaz erklärt dazu: „Nicht soll die Erde in den Himmel hinaufgezogen werden, sondern der Himmel auf die Erde herab.“[33]

Bevor auf Inhalt, Struktur und Status des Reiches Gottes näher eingegangen wird, sei auf Folgendes hingewiesen: „Nirgends in der frühjüdischen Literatur steht die Herrschaft Gottes [...] so im Zentrum der Verkündigung wie bei Jesus.“[34] Jesus gebraucht im Zusammenhang mit

---

32 Ausführlich zum Reich Gottes vgl. Urs Eigenmann, „Das Reich Gottes und seine Gerechtigkeit für die Erde.“ Die andere Vision vom Leben, Luzern 1998.

33 Leonhard Ragaz, Die Bergpredigt Jesu, Bern 1945, 123.

34 Odo Camponovo, Königtum, Königsherrschaft und Reich Gottes in den frühjüdischen Schriften, Freiburg/Göttingen 1984, 444; vgl. Joachim Jeremias, Neutestamentliche Theologie. Erster Teil. Die Verkündigung Jesu, Gütersloh 1971, 100.

dem Reich Gottes Wendungen, die ohne Parallele in der Literatur seiner Umwelt sind.[35] Zum andern: Jesus hat sich zwar ganz mit dem Reich Gottes identifiziert, dieses aber nicht mit sich selbst gleichgesetzt. Er sandte seine Jünger aus, es zu bezeugen (vgl. Lk 9,2). Dessen Vollendung verheißt er als künftiges Geschenk Gottes (vgl. Lk 22,16.18.29 f.). Jon Sobrino unterscheidet deshalb zwischen Mittler und Vermittlung. Jesus ist zwar der endgültige Mittler des Reiches Gottes, nicht aber bereits dessen endgültige Vermittlung im Sinne der Realisierung.[36]

2.2 Zu Inhalt, Struktur und historisch-utopischer Doppeldimension des Reiches Gottes[37]

Einen ersten Zugang zu dem, was inhaltlich mit dem Reich Gottes gemeint ist, eröffnet Jesu Gleichnis vom großen Festmahl im Lukasevangelium (vgl. Lk 14,15-24). Der Vergleich des Reiches Gottes mit einem Fest ist schon deswegen bedeutsam, weil auf einem guten Fest alles vorhanden ist, was es zu einem Leben in Würde und Fülle braucht. Das Fest als eine Weise unproduktiver Verausgabung ist das eigentliche Gegenüber zur produktiven Arbeit. Darüber hinaus ist das lukanische Festmahlgleichnis für das Verständnis des Reiches Gottes deshalb bedeutsam, weil es sich beim geschilderten Fest um ein Fest der ganz besonderen Art handelt. Diesem bleiben die zuerst Geladenen fern. An deren Stelle werden zunächst die Armen, Krüppel, Blinden und Lahmen von den Straßen und Gassen der Stadt und schließlich jedwede Leute von der Landstraße vor der Stadt herbeigeholt. Vor dem Hintergrund der Erkenntnisse der kulturübergreifenden Sozialanthropologie stellt John Dominic Crossan fest: „Was Jesu Gleichnis vorstellt und in Aussicht stellt, ist [...] eine offene Kommensalität [von lat. con = mit und mensa = Tisch, U. E.], ein gemeinsames Mahl, bei dem die Tischordnung nicht im Kleinen die große Gesellschaftsordnung mit ihren vertikalen Diskriminierungen und lateralen Trennungen wider-

35 Vgl. ebd.

36 Vgl. Jon Sobrino, Christologie der Befreiung, Band 1, Mainz 1998, 156 f.

37 Dieser Abschnitt ist entnommen: Eigenmann, Von der Christenheit zum Reich Gottes 247-254.

spiegelt. [...] Und da Jesus überdies praktizierte, was er mit diesem Gleichnis predigte, beschimpfte man ihn als Fresser und Säufer, als Freund von Sündern und Zöllnern."[38]

Die inhaltliche Fülle des Reiches Gottes kann noch genauer umschrieben werden. Dies geschieht, indem die 95 Stellen in den synoptischen Evangelien, in denen ausdrücklich ein Zusammenhang zwischen dem Reich Gottes bzw. dem Himmelreich und Jesu Reden und Handeln hergestellt wird, danach befragt werden, was sie zur Ausgestaltung der drei für eine Gesellschaft notwendigen Instanzen sagen: Zur Instanz Ökonomie/Ökologie zur Sicherung des physischen Lebens der Mitglieder; zur Instanz Politik zur Regelung des gesellschaftlichen Zusammenlebens; zur Instanz Kultur/Religion/Ideologie zur Erläuterung eines sinnvollen Lebens.

Unter ökonomischem Gesichtspunkt ist das Reich Gottes die Vision einer Gesellschaft und Welt, in der niemand bangen muss ums tägliche Brot, in der alle satt werden und in der alle das an materiellen Gütern und finanziellen Mitteln erhalten, was sie zu einem ökonomisch abgesicherten Leben in Würde und Fülle brauchen.

Unter politischem Gesichtspunkt ist das Reich Gottes die Vision einer solidarischen Gesellschaft und Welt, in der niemand verachtet, diskriminiert oder ausgeschlossen wird, in der alle Platz haben und all das an menschlicher Zuwendung, sozialer Anerkennung und vorbehaltloser Vergebung erhalten, was sie zu einem Leben in Würde und Fülle brauchen.

Unter religiösem Gesichtspunkt ist das Reich die Vision einer Gesellschaft und Welt, in der niemand von Dämonen drangsaliert wird, in der nichts und niemand an die Stelle Gottes tritt, in der das Grundgesetz der Einheit von Gottes- und Nächstenliebe gilt und in der über alle weltanschaulichen Grenzen hinweg im Suchen des Reiches Gottes die Hoffnung auf ein sinnvolles Leben in Würde und Fülle aller Menschen praktisch bezeugt wird.

Das Reich Gottes hat eine komplexe Struktur. Es ist unverdientes Geschenk (vgl. Lk 12,32) und sein Kommen an keine Vorleistungen ge-

---

[38] John Dominic Crossan, Jesus. Ein revolutionäres Leben, München 1996, 98 f.

bunden, verpflichtet aber dazu, in seinem Sinn zu handeln. Es ist in Jesus angebrochen und gegenwärtig, seine Vollendung aber steht als verheißene Tat Gottes noch aus. Es ist zwar nicht von dieser Welt (vgl. Joh 18,36), soll aber in ihr Gestalt annehmen. Es hat eine persönlich-existentielle und eine politisch-strukturelle Dimension. Es ist symbolisch gegenwärtig in religiöser Rede, soll aber auch praktisch bezeugt werden.

Das Reich Gottes hat eine historisch-utopische Doppeldimension. Es enthält sowohl Kriterien für die Realisierung eines historischen Projekts und meint zugleich seine von Gott verheißene Vollendung. Jesus wurde wegen seines Reich-Gottes-Zeugnisses von den Exponenten der alles andere als friedlichen Pax Romana gekreuzigt.[39] (vgl. Schema Pax Romana im Anhang)

2.3 Das Reich Gottes als himmlischer Kern des Irdischen

Das Doppelgleichnis vom Schatz im Acker und vom Kaufmann, der für eine kostbare Perle alles verkauft (vgl. Mt 13,44-46) weist auf das Kostbare des Reiches Gottes hin. Zu dessen Illustration greift Franz Hinkelammert auf eine Geschichte des indischen Jesuiten Anthony de Mello zurück. Sie lässt etwas von dem erahnen, was die Rede vom Reich Gottes als himmlischer Kern des Irdischen meint. Und dies ist die Geschichte:

> *Ein Bettelmönch sah eines Tages auf seinem Weg einen Edelstein, fand ihn schön und steckte ihn in seinen Beutel. Eines Tages traf er einen anderen Reisenden, der hungrig war und ihn um Hilfe bat. Um ihm von dem, was er hatte, abzugeben, öffnete er seinen Beutel. Da sah der Reisende den Edelstein und bat ihn, ihn ihm zu schenken. Ohne weiteres schenkte der Mönch ihm den Edelstein. Der Reisende bedankte sich und entfernte sich hochzufrieden, denn jetzt hatte er Reichtum und Sicherheit für sein ganzes*

[39] In diesem Zusammenhang spricht Edward Schillebeeckx vom „ ‚Exekutions' -Kriterium" [...], das davon ausgeht, dass die tatsächliche Hinrichtung Jesu eine hermeneutische Bedeutung hat für das, was er genau lehrte und tat" (Edward Schillebeeckx, Jesus. Die Geschichte von einem Lebenden, Freiburg im Breisgau [3]1975, 84). Die Kreuzigung Jesu erweist sein Reich-Gottes-Zeugnis als tödliche Bedrohung der Pax Romana. Diese offenbart sich durch die Hinrichtung des Reich-Gottes-Zeugen als Anti-Reich zum Reich Gottes.

weiteres Leben. Aber am nächsten Tag kam der Reisende aufs Neue zum Bettelmönch, gab ihm den Edelstein zurück und bat ihn: Gib mir bitte etwas, das mehr wert ist als dieser wertvolle Stein. Der Mönch sagte ihm, dass er nichts Wertvolleres habe. Da fügte der Reisende hinzu: Gib mir dasjenige, was es dir möglich machte, mir den Edelstein zu schenken.[40]

Diesem „dasjenige, das es dir möglich macht, mir den Edelstein zu geben" in der Geschichte entspricht die Bereitschaft, sich ganz auf das Reich Gottes und dessen Gerechtigkeit einzulassen. Das kann als himmlischer Kern des Irdischen bezeichnet werden. Dieser ist dasjenige, das uns dazu bringt, die irdischen Verhältnisse im Sinne der Gerechtigkeit des Reiches Gottes zu gestalten. Er ist ein Bezugspunkt, der quer zu allen Formen monetärer, politischer oder ideologischer Nutzenkalküle steht.[41] Er ist so wenig ein religiöses Phänomen, so wenig das Reich Gottes eine religiöse Größe darstellt. Mit ihm wird biblisch in keiner Weise ein religiöses Bekenntnis, eine kultische Handlung oder eine priesterliche Vermittlung verbunden. Das Reich Gottes orientiert sich ganz an den säkularen leiblichen Werken der Barmherzigkeit in der matthäischen Gerichtsrede (vgl. Mt 25,35 f.). In diesem Sinn hält der französische Jesuit Joseph Moingt fest: „Jésus [...] a *désacralisé* le salut - Jesus hat das Heil entsakralisiert."[42]

Franz Hinkelammert stellt das Verständnis des Reiches Gottes als himmlischen Kern des Irdischen einem antiutopischen und damit antihumanen Diktum von Karl Popper gegenüber. Dieser erklärte: „Die Hybris, die uns versuchen lässt, das Himmelreich auf Erden zu verwirklichen, verführt uns dazu, unsere gute Erde in eine Hölle zu verwandeln [...]."[43] Popper verkehrt den Himmel in die Hölle. Dagegen

40 Zit. in: Hinkelammert, Das Subjekt und das Gesetz 429 f.

41 Vgl. ebd. 431.

42 Joseph Moingt, L'Évangile sauvera l'Église, Paris 2013, 61. Für Moingt hat Jesus, der das Reich Gottes bezeugte, indem er sich mit den Ausgeschlossenen solidarisierte, und der sagte, jene, die mit den Leidenden Erbarmen haben, kämen ins Reich Gottes, das Heil entsakralisiert („il a désacralisé le salut"; Hervorhebung im Original), das früher an religiöse Riten gebunden gewesen sei (ebd. 60 f.).

43 Zit. in: Hinkelammert, Das Subjekt und das Gesetz 421.

gilt das genaue Gegenteil: „[W]er den Himmel auf Erden nicht will, [schafft] die Hölle auf Erden. Wir leben die Hölle. Sie ist von denen geschaffen, die all diejenigen denunzieren, die aufgebrochen sind, den Himmel auf Erden zu schaffen.“[44]

3. These: Verkehrung des biblisch bezeugten Ursprungs in die imperiale Christenheit:

> *Komplexe soziale und philosophische Austauschprozesse mit der antiken Umwelt verkehrten die prophetisch-messianische Jesusbewegung in die imperiale Christenheit. In der Konstantinischen Wende wurde aus Jesus, dem das Reich Gottes verkündenden Opfer der Pax Romana, der verkündigte Christus ohne Reich Gottes, der als Pantokrator Garant herrschender Imperien wurde.*

3.1 Von der jüdischen Jesusbewegung zur christlichen Reichskirche

Am Anfang dessen, was sich zum Christentum bzw. zur Christenheit entwickelt hat, stehen das Schicksal Jesu und die von diesem ausgehende innerjüdische Bewegung. Trotz der Verwerfung Jesu durch die Pax Romana führten die Jüngerinnen und Jünger seine Befreiungspraxis weiter. Sie waren im Römischen Reich als Fremdlinge ohne Bürgerrecht (*paroikoi*) sozial marginalisiert, als Unruhestifter und Atheisten gesellschaftlich geächtet und wurden zeitweise in Pogromen oder aufgrund staatlicher Verordnungen blutig verfolgt.[45] Nachdem die von Kaiser Diokletian ab 303 angestrebte vollständige Vernichtung des Christentums ihr Ziel nicht erreicht hatte, kam es 311 zur eigentlichen Wende. Als vom Tod Gezeichneter ordnete Kaiser Galerius in einem Edikt die Einstellung der Verfolgung an. „[...] Von jetzt ab waren die Christen der quälenden Rechtsunsicherheit der vergangenen Zeiten enthoben [und] ihr Glaube war nicht mehr *superstitio* [Aberglaube, U. E.] und *religio illicita* [unerlaubte Religion, U. E.], sondern [...] den anderen Kulten gleich-

[44] Ebd. 435.

[45] Vgl. Eigenmann, Von der Christenheit zum Reich Gottes 18 f.

gestellt."[46] Unter Kaiser Konstantin kam es dann in der Mailänder Konvention von 313 zu einer vollen Anerkennung, Gleichstellung und Förderung des Christentums als *religio licita*.[47] Der Höhepunkt der ganzen Entwicklung „[...] ist darin zu sehen, dass unter Kaiser Theodosius I. (379-395) das Christentum als Reichskirche tatsächlich die Rolle der Staatsreligion zugewiesen bekam. In einem Edikt von 380 verpflichtete Theodosius alle Untertanen im Reich auf das Christentum."[48] Die „[...] vollständige Unterdrückung des Heidentums"[49] erfolgte durch eine Konstitution im Jahre 392: Von jetzt an waren alle nichtchristlichen Kulte verboten.[50] Aus der Jesusbewegung des 1. Jahrhunderts ist am Ende des 4. Jahrhunderts die mit dem Römischen Imperium verbündete Reichskirche geworden.

3.2 Die Konstantinische Wende als Thermidor des Christentums

Diese Entwicklung wird als Konstantinische Wende bezeichnet. Dass in ihr etwas Entscheidendes für das Christentum geschehen ist, wird nicht bestritten. Kontrovers ist aber deren Einschätzung. Da gibt es die triumphalistisch-apologetische Einschätzung in der Tradition des Eusebius von Caesarea.[51] Da gibt es differenziert-abwägend-kritische Einschätzungen.[52] Da gibt es aber auch die ganz grundsätzliche Kritik der Konstantinischen Wende, die in ihr die Imperialisierung des Christentums als dessen Thermidor[53] sieht, die u. a. Leonhard Ragaz und Franz

46 Karl Baus, Von der Urgemeinde zur frühchristlichen Großkirche, Handbuch der Kirchengeschichte, hrsg. Von Hubert Jedin, Band I, Freiburg im Breisgau 1985, 449.

47 Vgl. Norbert Brox, Kirchengeschichte des Altertums, Düsseldorf 1983, 59.

48 Ebd. 63 f.

49 Charles Pietri, Die Erfolge: Unterdrückung des Heidentums und Sieg des Staatskirchentums, in: Jean-Marie Mayeur/Charles und Luce Pietri/André Vauchez/Marc Venard (Hg.), Die Geschichte des Christentums. Religion, Politik, Kultur, Deutsche Ausgabe herausgegeben von Norbert Brox/Odilo Engels/Georg Kretschmar/Kurt Meier/Heribert Smolinsky, Band 2, Das Entstehen der einen Christenheit (250-430), Freiburg im Breisgau 1996, 462-506, hier 465.

50 Vgl. ebd. 467.

51 Vgl. Eigenmann, Von der Christenheit zum Reich Gottes 25-27.

52 Vgl. ebd. 28 f.

53 Vgl. Hinkelammert, Der Fluch, der auf dem Gesetz lastet, 31 f., 38 f. und 234.

Hinkelammert vertreten.[54] Hier wird von dieser grundsätzlichen Kritik aus Gründen ausgegangen, die sich aus dem Folgenden ergeben werden. Zunächst aber soll festgehalten werden: Diese Kritik darf weder in der Weise missverstanden werden, dass davon ausgegangen würde, ein ganz anderer Weg wäre möglich gewesen noch so, als ob einzelne Akteure direkt dafür verantwortlich gemacht werden könnten. Für ein solches Verständnis der Kritik waren die Verhältnisse innerhalb der Jesusbewegung und die Austauschbeziehungen zwischen dieser und dem römischen Reich zu komplex. Die radikale Kritik ergibt sich aus der Gegenüberstellung des biblisch bezeugten Ursprungs und dem, was am Ende des 4. Jahrhunderts daraus geworden ist. Die Unterscheidung zwischen dem prophetisch-messianischen Christentum und der imperial-kolonisierenden Christenheit ist eine grundsätzliche und keine absolute.[55]

3.3 Kennzeichen der imperial-kolonisierenden Christenheit

Die aus der Verkehrung ihres eigenen Ursprungs hervorgegangene kirchliche Orthodoxie ist u. a. durch folgende Aspekte gekennzeichnet:

Lehramtliche Orthodoxie ohne Reich Gottes

Die kirchliche Orthodoxie ist eine solche ohne Reich Gottes. Kein einziges der nach römisch-katholischer Zählung zwanzig ökumenischen Konzilien vor dem Zweiten Vatikanum (1962-1965) hat das Reich Gottes auch nur erwähnt.[56] Die Mitte der Sendung Jesu wird von der lehramtlichen Orthodoxie verschwiegen oder verschwindet in einem Reich Gottes, das mit Christus oder mit der Kirche identifiziert wird.

---

[54] Vgl. Eigenmann, Von der Christenheit zum Reich Gottes 29-36.

[55] Vgl. Ragaz, Die Botschaft vom Reiche Gottes 147.

[56] Vgl. Joseph Wohlmuth (Hrsg.), Conciliorum Oecumenicorum Decreta, 3 Bände, Paderborn 1998-2002.

Von dem das Reich Gottes verkündenden Jesus zum verkündigten Christus ohne Reich Gottes

Aus dem das Reich Gottes verkündenden Jesus wird der verkündigte Christus ohne Reich Gottes. Es entsteht die Lehre über einen abstrakten Christus, der für unterschiedlichste Interessen beansprucht werden kann. Der Glaube *des* Jesus wird in den Glauben *an* einen Christus verkehrt, der nicht Jesus ist.[57] Der Glaube *des* Jesus von Nazareth ist nicht mehr das Kriterium für den Glauben *an* Jesus Christus.[58] Die kultische Verehrung Christi ersetzt die Nachfolge Jesu.

Von der Kreuzigung Jesu als Gründungsmartyrium zum Gründungsmord

Aus Jesu Kreuzigung als Opfer der Staatsgewalt – im Sinn von *victime* –, wurde ein Opfer – im Sinn von *sacrifice* –, das Gott Vater dargebracht wird. Der Kreuzestod Jesu, der von den ersten Jüngerinnen und Jüngern als Gründungs*martyrium* verstanden wurde, wird zum Gründungs*mord*[59] umgedeutet. Dieser begründet die Verfolgung der Juden als Gottesmörder und als neuen Feind des Bündnisses von Imperium und Reichskirche. Es entstehen der christliche Antijudaismus und eine antijüdische Lektüre der innerjüdischen Auseinandersetzungen im Johannesevangelium.[60]

Vom Opfer der Staatsgewalt zum Garant weltlicher Imperien

Aus dem Opfer der römischen Staatsmacht wird der zum göttlichen Pantokrator umgedeutete und erhobene Christus, der als All- und Weltenherrscher Garant weltlicher Imperien ist. Der Höhepunkt dieser Verkehrung geschah im Mittelalter bei Bernhard von Clairvaux (1090-1153) in zwei miteinander verbundenen Formen. Zum einen wird aus

---

57 Vgl. Jon Sobrino, Wenn der Christus Jesus ist. Essay über die Orthodoxie: Geschichte, Frohe Botschaft und Parteilichkeit, in: Concilium 50 (2014) 179-189.

58 Vgl. Hinkelammert, Der Fluch, der auf dem Gesetz lastet 93, Anm. 17.

59 Franz J. Hinkelammert, Die Umkehrung der Menschenrechte in der Geschichte des Westens: die Legitimation der Macht durch die Erfindung des Gründungsmordes (Manuskript), o. O. o. J. 27 f.; vgl. Hinkelammert, Der Schrei des Subjekts 270 f.

60 Vgl. Hinkelammert, Der Schrei des Subjekts 285-289.

Luzifer, einer Bezeichnung noch zu Beginn des 4. Jahrhunderts für Jesus Christus und einem christlichen Taufnamen das Gegenteil von Christus, wenn Luzifer als Lichtbringer zum Nacht- und Todbringer verkehrt und damit zur Bezeichnung eines neuen Teufels wird.[61] Dieser ist nicht Satan als Fürst und Garant der Reiche dieser Welt, sondern steht für eine im Sinne des Reiches Gottes angestrebte Umgestaltung der Welt, die nun aber verteufelt wird.[62] Zum andern ist es die Legitimierung von Gewalt im Namen Jesu als Opfer von Gewalt. Bernhard von Clairvaux erklärt: „Ein Ritter Christi, sage ich, tötet mit gutem Gewissen, noch ruhiger stirbt er. Wenn er stirbt, nützt er sich selber; wenn er tötet, nützt er Christus. [...] Der Tod, den er verursacht, ist Christi Gewinn; wenn er ihn erleidet, sein eigener."[63]

Vom Himmel als göttliche Vision für die Welt zur Jenseitsvorstellung

Spätestens mit Augustinus (354-430) entsteht ein neuer Himmel. Dieser ist nicht mehr die mythische Dimension, in der Gottes Vision für die Umgestaltung der Welt vorgebildet ist entsprechend der Vater-Unser-Bitte: „Dein Reich komme, dein Wille geschehe wie im Himmel so auf der Erde" (Mt 6,10). Vielmehr wird der Himmel neben der Hölle Teil einer die irdischen Verhältnisse stabilisierenden Jenseitsspekulation.[64] Das geschichtstheologische Denken der Bibel mit der Abfolge historischer Äonen wird durch eine abstrakte Diesseits-Jenseits-Konstruktion ersetzt.

---

61 „O Luzifer (Lichtbringer), der du am Morgen aufstrahltest, nein, nicht mehr Lichtbringer, sondern Nachtbringer oder auch Todbringer" (Bernhard von Clairvaux, Sämtliche Werke lateinisch/deutsch, Band II, Innsbruck 1992, 99).

62 Vgl. Hinkelammert, Luzifer und die Bestie 110, 165-168, 231; vgl. ders., Der Schrei des Subjekts 256, 294.

63 Bernhard von Clairvaux, Sämtliche Werke lateinisch/deutsch, Band I, Innsbruck 1990, 277.

64 Vgl. Hinkelammert, Der Fluch, der auf dem Gesetz lastet 208 f.; vgl. ders., Der Schrei des Subjekts 252.

Von der Orientierung am historischen Schicksal Jesu zu philosophischen Spekulationen

Mit Justin dem Märtyrer (um 100-165) beginnt eine Entwicklung, in deren Verlauf Kategorien griechischer Philosophie in einer Weise in den Dienst der Theologie gestellt werden, dass nicht mehr die biblischen Zeugnisse bestimmend sind, sondern diese Philosophien. Justin setzt Christus mit dem Logos des mittelplatonischen Philosophen Philon von Alexandrien (gest. um 50 n. Chr.) gleich.[65] Tausend Jahre später geschieht Ähnliches bei Thomas von Aquin (1225-1274) mit der Philosophie des Aristoteles. Thomas beansprucht zwar, eine Theologie zu entwickeln, „[...] die auf der göttlichen Offenbarung gründet“[66]. Dann aber setzt er in seinen fünf Wegen zu Gott diesen u. a. mit dem Gott des Aristoteles als erstem Beweger gleich.[67] Auf diese Weise entstanden Theologien, die im Sinne des Warenfetischkritikers Karl Marx als „[...] aus den jedesmaligen wirklichen Lebensverhältnissen [...] [entwickelte] verhimmelte Formen [...]“[68] zu qualifizieren sind. Der als Opfer der Pax Romana bezeugte Jesus Christus und der aus der Pax Aegyptica befreiend herausführende Gott des Exodus werden zu bloßen Illustrationen abstrakter Konstrukte griechischer Philosophen verkehrt.[69] Der

---

65 Vgl. Justin, Erste Apologie 21, in: Bibliothek der Kirchenväter, 1. Band, Kempten/München 1913, 33; vgl. Herbert Vorgrimler, Neues Theologisches Wörterbuch, Freiburg im Breisgau 32000, 397; vgl. Rudolf Hernegger, Macht ohne Auftrag. Die Entstehung der Staats- und Volkskirche, Olten/Freiburg im Breisgau 1963, 37-43.

66 Thomas von Aquin, STh I, q. 1, a. 1.

67 Vgl. ebd. I, q. 2, a. 3.

68 Marx, Das Kapital 393, Anm. 89.

69 Jon Sobrino spricht von einer folgenschweren Verschiebung als „[...] Veränderung in der ‚theoretischen Denkweise‘ [...]“, bei der nicht mehr versucht wird, „[...] die Wirklichkeit Jesu Christi auf den theologischen Begriff zu bringen, sondern [die] darin [besteht], eine theologische Vernunft zu pflegen [...], die im Wesentlichen von den Anforderungen eines Denkens bestimmt ist, das von Mal zu Mal mehr sich selbst zum Gegenstand hat“ (Jon Sobrino, Der Glaube an Jesus Christus. Eine Christologie aus der Perspektive der Opfer, Herausgegeben und mit einer Einführung versehen von Knut Wenzel, Übersetzt von Ludger Weckel, Ostfildern 2008, 363, 366); vgl. den Exkurs „Zur Rezeption griechischer Philosophie und deren Implikationen“, in: Eigenmann, Christentum. Dort werden als Implikationen dieser Verschiebung der Austausch von kategorialen Rahmen biblischen Denkens und griechischer Philosophien sowie deren Rolle als domina theologiae aufgezeigt.

tödliche historische Konflikt zwischen Jesus und der Pax Romana und Jesus als deren Opfer im Sinn von *victime* werden durch z. T. abenteuerliche theologische Spekulationen über das innertrinitarische Verhältnis zwischen Gott Vater und Sohn und das vom Sohn Gott dargebrachte Opfer im Sinn von *sacrifice* zum Verschwinden gebracht.[70]

Kirche der imperial-kolonisierenden Christenheit

Die Kirche der imperial-kolonisierenden Christenheit ist in zweifacher Hinsicht Moment der Imperialisierung des Christentums: *Ad extra* durch ihr Bündnis mit Imperien der Welt und *ad intra* durch den Aufbau autoritärer Binnenstrukturen. In ihr verlagert sich die vorkonstantinische Auseinandersetzung zwischen dem Innen und dem Außen auf die interne Auseinandersetzung zwischen dem Oben der lehrenden und herrschenden Hierarchie und dem Unten der hörenden und beherrschten Laien.

4. These: Zurück zum prophetisch-messianischen Christentum:

Das Reich Gottes war im reformierten Christentum vor allem im Religiösen Sozialismus präsent. In der römisch-katholischen Kirche sind das Zweite Vatikanum und in dessen Folge die lateinamerikanische Kirche und deren Theologie der Befreiung durch die Orientierung am Reich Gottes hinter die Konstantinische Wende zurückgekehrt.

4.1 Zum Bruch mit der imperial-kolonisierender Christenheit auf dem Vatikanum II und in Accra

Zwar hatte das Reich Gottes in den Großkirchen und deren Theologien spätestens seit der Konstantinischen Wende keine zentrale Stellung mehr. Das gilt für Thomas von Aquin ebenso wie für Martin Luther und Ulrich Zwingli. Doch ist das Reich Gottes nie ganz aus dem Christentum und dessen Theologien verschwunden.[71]

---

[70] Vgl. ebd.

[71] Vgl. Ernst Staehelin, Die Verkündigung des Reiches Gottes in der Kirche Jesu Christi. Zeugnisse aus allen Jahrhunderten und allen Konfessionen, Sieben Bände, Basel 1951-

In neuerer Zeit ist die römisch-katholische Kirche auf dem Zweiten Vatikanischen Konzil zum Reich Gottes zurückgekehrt. Unter anderem hat sie damit zumindest in Ansätzen mit der imperial-kolonisierenden Christenheit gebrochen und orientiert sich wieder am prophetisch-messianischen Christentum des Ursprungs. Das zeigt grundlegend die Rückbesinnung auf die Bibel und deren Vorrangstellung gegenüber dem Lehramt. Das Konzil erklärt: „Die Heiligen Schriften [...] enthalten das Wort Gottes [...]; und deshalb soll das Studium der Heiligen Schriften gleichsam die Seele der Heiligen Theologie sein" (Dogmatische Konstitution über die göttliche Offenbarung *Dei Verbum* DV 24,1; vgl. Dekret über die priesterliche Ausbildung *Optatam totius* OT 16,2). Für das Konzil steht „[das] Lehramt [...] nicht über dem Wort Gottes, sondern dient ihm [...]" (DV 10,2).

Zentral für den Bruch ist die Rückkehr zum Reich Gottes. Nach 1625 Jahren des Verschweigens der zentralen Mitte der Sendung Jesu auf den zwanzig vorangegangenen Konzilien wird das Reich Gottes wieder zur bestimmenden Bezugsgröße für die Kirche und die Gestaltung der irdischen Verhältnisse. Für das Konzil gründet die Kirche in dem von Jesus bezeugten Reich Gottes. Sie ist gesandt, dieses anzukündigen und in allen Völkern zu begründen. Sie erwartet seine von Gott verheißene Vollendung (vgl. Dogmatische Konstitution über die Kirche *Lumen gentium* LG 5,1 und 2). In der Pastoralkonstitution werden die gesellschaftliche Bedeutung und die eschatologische Dimension des Gottesreiches thematisiert (vgl. Pastoralkonstitution über die Kirche in der Welt dieser Zeit *Gaudium et spes* GS 39, 1 und 2).

Ein weiterer zentraler Aspekt des Bruchs ist die Absage an jeden Antijudaismus. Das Konzil gedenkt „[...] des Bandes, durch das das Volk des Neuen Bundes mit dem Stamm Abrahams geistlich verbunden ist. [...] Deshalb sollen alle dafür sorgen, [nichts] zu lehren, was mit der evangelischen Wahrheit und dem Geist Christi nicht übereinstimmt. Außerdem beklagt die Kirche [...] Hass, Verfolgungen und Manifestationen des Antisemitismus, die [...] gegen Juden gerichtet wur-

1965; vgl. Ragaz, Die Geschichte der Sache Christi 129-145.

den“ (vgl. Erklärung über die Haltung der Kirche zu den nichtchristlichen Religionen *Nostra aetate* NA 4,1,2,3,5 und 7). Auch Zeichen des Bruchs ist die Option des Zweiten Vatikanum für die Armen, wenn es feststellt: „Freude und Hoffnung, Trauer und Angst der Menschen dieser Zeit, besonders der Armen und Bedrängten aller Art, sind Freude und Hoffnung, Trauer und Angst auch der Jünger Christi“ (GS 1,1).

In den Kirchen der Reformation stellt die Erklärung oder das Bekenntnis von Accra im Jahre 2004 einen Bruch mit der imperial-kolonisierenden Christenheit dar. Darin heißt es u. a.: „Wir glauben, dass die Integrität unseres Glaubens auf dem Spiel steht, wenn wir uns gegenüber dem heute geltenden System der neoliberalen wirtschaftlichen Globalisierung ausschweigen oder untätig verhalten“ (Nr. 16).

4.2 Theologien der Befreiung im Dienst am prophetisch-messianischen Christentum

Die Ansätze eines Bruchs mit der verkehrten Christenheit auf dem Zweiten Vatikanum waren in der römisch-katholischen Kirche wichtige Impulse für den Ortswechsel der lateinamerikanischen Kirche und die Entwicklung der Theologie der Befreiung. Die Generalversammlung des lateinamerikanischen Episkopats 1968 in Medellín steht „[...] im Schnittpunkt zweier Wege: dem Weg der Entwicklungspolitik in der Krise und dem Weg des prophetisch-befreienden Engagements, das seine Wurzeln einerseits im Zweiten Vatikanum und andererseits im Widerstand des Volkes hat [...]. So entstand die Theologie der Befreiung [...].[72] Mit Medellín begann der Ortswechsel einer Kirche im Bündnis mit der herrschenden Schicht zu einer Kirche im Bündnis mit der beherrschten Klasse.[73] Die Theologie der Befreiung Lateinamerikas und deren Kirche kehrten hinter die Verkehrung des Christentums in der Konstantinischen Wende zurück.[74]

---

72 Enrique Dussel, Die lateinamerikanische Kirche von Medellin bis Puebla (1968-1979), in: Hans-Jürgen-Prien (Hg.), Lateinamerika: Gesellschaft - Kirche - Theologie, Band I: Aufbruch und Auseinandersetzung, Göttingen 1981, 71-113, hier: 78.

73 Vgl. ebd. 73 f.

74 Vgl. das Standardwerk der Theologie der Befreiung: Ignacio Ellacuría/Jon Sobrino (Hg.),

4.3 Zur imperialen Bekämpfung der entimperialisierten Kirche und deren Befreiungstheologie

Dass es sich dabei tatsächlich um einen Bruch handelt, zeigen die Reaktionen des Imperiums Amerika und des Vatikans als Repräsentant einer mit herrschenden Imperien verbündeten Kirche. Die Beschlüsse von Medellín erregten die Aufmerksamkeit der USA. „1969 informierte Nelson Rockefeller (US-Vizepräsident in den Jahren 1974-1977) Präsident Richard Nixon über die Gefahr für die US-Interessen, die von Medellín ausgehen könnten: ‚Wenn die lateinamerikanische Kirche die Vereinbarungen von Medellín verwirklicht, sind die Interessen der USA in Lateinamerika in Gefahr'."[75] Das Imperium der USA sah sich bedroht, weil in der katholischen Kirche Lateinamerikas mit dem Lateinamerikanischen Bischofsrat (CELAM) eine kirchenoffizielle Stimme laut wurde, die das traditionelle Bündnis der Kirche mit den herrschenden Kreisen aufzukündigen bereit war. Im Geheimdokument des Komitees von Santa Fé von 1980 hieß es: „Die Außenpolitik der USA muss damit beginnen, der Theologie der Befreiung [...] zu begegnen (und nicht nur im Nachhinein zu reagieren)."[76]

Nicht nur von US-imperialer Seite wurde die Theologie der Befreiung von außen kritisiert, sondern auch vom Innern der Kirche selbst. Ohne hier im Einzelnen auf die Bekämpfung der Theologie der Befreiung und die Kampagnen gegen sie in Lateinamerika selbst einzugehen,[77] sei auf die Reaktion des Vatikans verwiesen. Es war zunächst die Veröffentlichung einer Instruktion über einige Aspekte der „Theologie der Befreiung".[78] „Die[se] [...] veranlasste einen Großteil des brasi-

Mysterium Liberationis. Grundbegriffe der Theologie der Befreiung, Band 1, Luzern 1995, Band 2, Luzern 1996; vgl. Bruno Kern, Theologie der Befreiung, Tübingen 2013.

75 Zit. in: Jonas Hagedorn, Eine Kirche zwischen Leben und Tod. Erzbischof Oscar A. Romero und die verfolgte Kirche El Salvadors, in: Klaus Hagedorn (Hg.), Oscar Romero. Eingebunden zwischen Tod und Leben, Oldenburg 2006, 75-86, hier: 77.

76 Antiimperialistisches Solidaritätskomitee für Afrika, Asien und Lateinamerika (Hg.), Geheimdokument des Komitees von Santa Fe. Eine amerikanische Politik für die 80er Jahre, Frankfurt 1980, 12.

77 Vgl. Eigenmann, Von der Christenheit zum Reich Gottes 49-51.

78 Vgl. zur Analyse der Instruktion die Artikel von Franz J. Hinkelammert, Hermann-Josef Venetz, Kuno Füssel und Herbert Vorgrimler in: Hermann-Josef Venetz/Herbert Vor-

lianischen Episkopats, wirksame Wege zu suchen, auf denen sie sich beim Papst und im Vatikan Gehör verschaffen konnten. [...] [Danach] erließ die Glaubenskongregation eine neue Instruktion, [...] [die] eine positivere Perspektive ein[nimmt].“[79] Obwohl die Theologie der Befreiung nie kirchlich verurteilt wurde, bekämpfte sie Kardinal Joseph Ratzinger als Präfekt der Glaubenskongregation seit 1982 und als Papst Benedikt XVI. seit 2007. Inzwischen hat sich im real existierenden Katholizismus eine Situation ergeben, die in ihrer Gegensätzlichkeit kaum zu überbieten ist. Im Ersten Teil seiner Publikationen über Jesus von Nazareth[80] geht Joseph Ratzinger/Benedikt XVI. so weit, das Reich Gottes, das auch für ihn die Mitte der Sendung Jesu war,[81] nicht nur zu verschweigen, sondern zu verteufeln. Er macht dies, indem er zu der u. a. von Befreiungstheologen vertretenen Zentralstellung des Reiches Gottes heute erklärt: „Die Nähe dieser nachchristlichen Vision von Glaube und Religion zur dritten Versuchung Jesu ist beunruhigend.“[82] Die Verteufelung geschieht dadurch, dass Ratzinger/Benedikt XVI. die *satanische* Versuchung im Matthäusevangelium in eine *luziferische* verkehrt.[83] Er zitiert die dritte Versuchung (vgl. Mt 4,8-11) nicht, sondern umschreibt sie so, dass er deren Inhalt ins Gegenteil verkehrt. Im Matthäusevangelium bietet der Teufel (*diábolos*) Jesus „alle Reiche der Welt mit ihrer Pracht“ (Mt 4,7) an, wenn er sich vor ihm niederwirft und ihn anbetet. Jesus weist diese Versuchung mit den Worten zurück: „Weg mit dir, Satan!“ (Mt 4,10). Ratzinger/Benedikt XVI. umschreibt die Versuchung des Teufels so: „Soll er [der Mensch, U. E.] nicht der Weltkönig sein, der die ganze Erde in einem großen Reich des Friedens und

grimler (Hrsg.), Das Lehramt der Kirche und der Schrei der Armen. Analysen zur Instruktion der Kongregation für die Glaubenslehre über einige Aspekte der „Theologie der Befreiung“ Freiburg (Schweiz)/Münster 1985.

79 Oliveros, Geschichte der Theologie der Befreiung 32 f.; vgl. Dussel, Prophetie und Kritik 100-103.

80 Vgl. Joseph Ratzinger/Benedikt XVI., Jesus von Nazareth. Erster Teil. Von der Taufe im Jordan bis zur Verklärung, Freiburg im Breisgau 2007.

81 Vgl. ebd. 77.

82 Ebd. 84.

83 Vgl. Eigenmann, Von der Christenheit zum Reich Gottes 64; ausführlich zum Umgang von Joseph Ratzinger/Benedikt XVI. mit dem Reich Gottes vgl. ebd. 54-68.

des Wohlstands vereinigt?"[84] Eine „großes Reich des Friedens und des Wohlstands" ist aber gerade nicht die biblisch bezeugte Versuchung. Wenn aber ein „großes Reich des Friedens und des Wohlstands" als Angebot des Teufels ausgegeben und zurückgewiesen wird, heisst der Teufel dieser Versuchung nicht Satan, sondern Luzifer.[85] Mit seiner Verteufelung „eines großen Reichs des Friedens und des Wohlstands" vertritt Ratzinger Benedikt XVI. nicht wie die kirchenamtliche Orthodoxie bis zum Zweiten Vatikanum bloß eine Theologie *ohne* Reich Gottes, sondern sogar eine Theologie *gegen* das Reich Gottes. Mit der Verkehrung der biblisch bezeugten *satanischen* Versuchung in eine *luziferische* begibt er sich zudem in eine beunruhigende Nähe zu Karl Poppers Verkehrung des Himmels in die Hölle.[86] Ratzinger/Benedikt XVI. erweist sich damit als einer der aggressivsten Repräsentanten der imperial-kolonisierenden Christenheit. Demgegenüber hat Papst Franziskus in seinem Apostolischen Schreiben Freude des Evangeliums *Evangelii gaudium* kurz und bündig festgehalten: „Evangelisieren bedeutet, das Reich Gottes in der Welt gegenwärtig machen" (EG 176).

Die kirchliche Orthodoxie ist eine Verkehrung jenes biblisch bezeugten Ursprungs, auf den sie sich beruft. Die meisten Theologien der Befreiung[87] orientieren sich an diesem Ursprung. Daraus folgt die Um-

---

[84] Ed. 67.

[85] Vgl. oben Anm. 59. Spätestens seit dem Mittelalter muss also im mythischen Universum des Christentums bzw. der Christenheit zwischen dem Teufel als Satan und dem Teufel als Luzifer unterschieden werden. Satan ist der Teufel der Armen, weil er Repräsentant der „Reiche der Welt und ihrer Pracht" ist, unter denen die Armen leiden. Luzifer ist der Teufel der Reichen, weil er das Reich Gottes als Reich des Lebens gegen die Reiche der Welt und deren Gewalt- und Todeslogik bezeugt, von denen die Reichen profitieren.

[86] Vgl. oben Anm. 42 und 43.

[87] Spätestens seit der Auseinandersetzung zwischen den Brüdern Clodovis und Leonardo Boff über die Einschätzung dessen, was Clodovis Boff die „ideale" bzw. die „real existierende" Theologie der Befreiung nennt, ist deutlich geworden, dass sich nicht jede Theologie der Befreiung am prophetisch-messianischen Ursprung des Christentums orientiert (vgl. Clodovis M. Boff, Theologie der Befreiung und die Rückkehr zu ihren Fundamenten, in: Ludger Weckel (Hg.), Die Armen und ihr Ort in der Theologie, Münster ²2008 (www.itpol.de/?p=267) 20-49, hier: 21). Ausführlich zu dieser Auseinandersetzung, zur Unterscheidung eines „bekenntnisgebundenen" bzw. eines „bekenntnisfreien" Verständnisses der Option für die Armen sowie zur Kritik am „Vater der Befreiungstheologie" Gustavo Gutiérrez vgl. den Exkurs „‚Ideale' und ‚real existierende' Theologien der Be-

kehr der Beweislast. Nicht der biblisch bezeugte Ursprung muss sich vor dessen Verkehrung in Gestalt der etablierten Lehramtsorthodoxie rechtfertigen. Sondern umgekehrt müsste diese Lehramtsorthodoxie vor das Tribunal ihres eigenen Anspruchs gestellt werden, falls sie noch etwas mit dem Jesus von Nazareth zu tun haben will und glaubt, worum sie bittet: „Dein Reich komme, dein Wille geschehe wie im Himmel, so auf der Erde" (Mt 6,10).

5. These: Zum konstitutiv Christlichen angesichts der Pax Capitalistica:

> *Eine dem prophetisch-messianischen Christentum verpflichtete Kirche muss sich für Reich-Gottes-verträgliche Verhältnisse einsetzen. Ihre solidarische Wo-Identität bezeugt sie angesichts der Pax Capitalistica analog zur Art und Weise, wie sich biblische Texte gegenüber der Pax Aegyptica und der Pax Romana positioniert haben.*

5.1 Die Warenwelt als Fetisch und der Kapitalismus als Religion

Im ersten Kapitel des Kapitals spricht Karl Marx vom „[...] Fetischcharakter der Ware und seine[m] Geheimnis"[88]. Um das zu erläutern, begibt er sich „[...] in die Nebelregion der religiösen Welt [...]. Hier scheinen die Produkte des menschlichen Kopfes mit eigenem Leben begabte, untereinander und mit den Menschen im Verhältnis stehende selbständige Gestalten. So in der Warenwelt die Produkte der menschlichen Hand. Dies nenne ich den Fetischismus, der den Arbeitsprodukten anklebt, sobald sie als Waren produziert werden."[89] Mit dem koreanischen Theologen Jung Mo Sung kann gesagt werden: „Fetischismus ist die Umkehrung des Verhältnisses von Subjekt und Objekt: Der Mensch wird zum Objekt des vom Menschen produzierten Objekts, das seinerseits zum Subjekt der Beziehung wird."[90] Solcher Fetischis-

freiung, in: Eigenmann, Christentum.

[88] Marx, Das Kapital 85.

[89] Ebd. 86 f.

[90] Jung Mo Sung, Der Arme nach der Theologie der Befreiung, in: Concilium 51 (2015) 331-340, hier: 337.

mus ist mit Pablo Richard als „Idolatrie durch Ersetzung“[91] zu qualifizieren, die dort auftritt „[...] wo der Mensch von ihm selber geschaffene Wirklichkeiten verabsolutiert oder vergöttlicht, wie z. B. Geld, Kapital [...]“[92]. Die Grundstruktur dieses Verständnisses von Götzendienst geht auf die Propheten zurück. Bei Jesaja heißt es: „Man fällt eine Zeder [...]. Das Holz nehmen die Menschen zum Heizen [...] oder man schnitzt daraus einen Gott und wirft sich nieder vor ihm“ (Jes 44,14-15;). Der Prophet Jeremia verspottet die aus Holz verfertigten Götzen: als „Vogelscheuchen im Gurkenfeld. Sie können nicht reden; man muss sie tragen, weil sie nicht gehen können“ (Jer 10,59).

Die wirtschaftlichen Marktmechanismen werden von Menschen gemacht. Wenn ihnen solche Macht verliehen wird, dass Menschen und die Natur darunter leiden, muss dies biblisch als Götzendienst qualifiziert werden. Marx hatte die zerstörerische Logik des Kapitalismus erkannt, wenn er vom Fetischcharakter der Ware spricht und erklärt: „Die kapitalistische Produktion entwickelt [...] die Technik und Kombination des gesellschaftlichen Produktionsprozesses, indem sie zugleich die Springquellen alles Reichtums untergräbt: die Erde und den Arbeiter.“[93]

Im Jahre 1921 schrieb Walter Benjamin ein Fragment, in dem er den Kapitalismus als Religion beschreibt und analysierte. Er macht drei zentrale Aussagen: Zum einen nennt er drei erkennbare Züge des Kapitalismus: „Erstens ist der Kapitalismus eine reine Kultreligion [...]. [...] Mit dieser Konkretisierung hängt ein zweiter Zug des Kapitalismus zusammen: die permanente Dauer des Kultes. [...] Dieser Kultus ist zum dritten verschuldend.“[94] Für Benjamin „[...] liegt das historisch Unerhörte des Kapitalismus [darin], dass Religion nicht mehr Reform des Seins, sondern dessen Zerstörung ist“[95]. Vor diesem Hintergrund kann

---

[91] Pablo Richard, Die Theologie in der Theologie der Befreiung, in: Ellacuría/Sobrino, Mysterium Liberationis, Band 1, 189-212, hier: 197.

[92] Ebd.

[93] Marx, Das Kapital, 529 f.

[94] Walter Benjamin, Gesammelte Schriften VI, Herausgegeben von Rolf Tiedemann und Hermann Schweppenhäuser, Frankfurt am Main 1991, 100.

[95] Ebd. 101.

der vierte Zug des Kapitalismus verstanden werden. „Ihr vierter Zug ist, dass ihr Gott verheimlicht werden muss [...].[96] Mit diesem zu verheimlichenden Gott ist wohl die dem Kapitalismus als Religion konstitutiv innewohnende Zerstörungslogik gemeint, die in letzter Konsequenz den Kapitalismus selbst zerstört, allerdings um den Preis der Zerstörung von Menschen und Natur.

Die in kritischer Absicht erfolgte Kennzeichnung der kapitalistischen Warenwelt durch Marx und des Kapitalismus als Religion durch Benjamin wird von höchst unerwarteter Seite her bestätigt, nämlich von Vertretern des Kapitalismus selbst. In ihrem Buch „KULT-Marketing. Die neuen Götter des Marktes"[97] berufen sich der Philosoph Norbert Bolz und der Trendforscher David Bosshart auf Marx und Benjamin. Sie geben Marx uneingeschränkt Recht, wenn sie zu dessen Werk „Das Kapital" erklären: „Dieses Buch ist fasziniert vom Zauber der Waren und des Geldes. Und dieses Buch fasziniert auch heute noch durch seine Analyse dieses Zaubers."[98] Sie geben Benjamin Recht: „Der Kapitalismus im Stadium gesättigter Konsummärkte wird zur ultimativen ‚letzten' Religion dieser Welt."[99] Sie verkehren aber die in kritischer Absicht vorgenommene Qualifizierung der Ware als Fetisch bzw. des Kapitalismus als Religion zur Legitimation des Kapitalismus. Franz Hinkelammert merkt dazu an: „Sie übernehmen die Fetischismustheorie als Sachaussage, drehen sie aber um, um sie zu vereinnahmen. Danach ist der Markt ein Fetisch, aber er ist es eben. Daher ist er kein Götzendienst, wie Marx meinte, sondern ein Gottesdienst, wie Bolz und Bosshart glauben. [...] So kann die Fetischismustheorie als zynischer Kapitalismus weitergeführt werden."[100] (vgl. Schema Pax Capitalistica im Anhang)

---

96 Ebd.

97 Norbert Bolz/David Bosshart, KULT-Marketing. Die neuen Götter des Marktes, Düsseldorf 1995.

98 Ebd. 198.

99 Ebd. 22.

100 Hinkelammert, Der Schrei des Subjekts 329 f.

5.2 Die Pax Capitalistica als Anti-Reich

Das von Jesus als Mitte seiner Sendung bezeugte Reich Gottes ist verbindliche Bezugsgröße eines seinem Ursprung verpflichteten Christentums. Das Reich Gottes meint ein Zusammenleben, in dem sich alle als materiell, sozial und kulturell-religiös bedürftige Subjekte anerkennen.[101] Im Licht dieses Reiches Gottes erweist sich die Pax Capitalistica als Anti-Reich. Während die innerste Logik des Reiches Gottes als himmlischer Kern des Irdischen eine Logik des Lebens von Menschen und Natur ist, ist die letztlich den marktradikalen Kapitalismus bestimmende Logik eine Logik der Vermehrung der Größe Kapital ohne Rücksicht auf soziale und ökologische Kosten und Zerstörung. Während das Reich Gottes darauf ausgerichtet ist, dass alle das Leben und dieses in Fülle haben (vgl. Joh 10,10), nimmt der neoliberale Kapitalismus in eventualvorsätzlicher Verantwortungslosigkeit in Kauf, das Leben von Menschen und Natur zu zerstören, um als System zunächst zu überleben, dann aber in letzter Konsequenz sich selbst zu vernichten, wenn nicht von außen korrigierend eingegriffen wird, was ja gerade von den Vertretern des „totalen Marktes“ (Henri Lepage) im „totalen Kapitalismus“ (Milton Friedman) bekämpft wird. Dieser Kapitalismus ist insofern ein Götze, als er eine von Menschen gemachte Größe darstellt, der zerstörerische Macht über Menschen und Natur verliehen wird.[102]

5.3 Reich-Gottes-verträgliche Ansätze im Konziliaren Prozess, in Accra und bei Papst Franziskus

Auch in der hegemonialen kirchlichen Orthodoxie gibt es seit einiger Zeit Ansätze, die sich am prophetisch-messianischen Ursprung orientieren und einer Reich-Gottes-Verträglichkeitsprüfung[103] standhalten.

---

[101] Vgl. Eigenmann, „Das Reich Gottes und seine Gerechtigkeit für die Erde“ 93.

[102] Vgl. Katholische Arbeiternehmer-Bewegung in der Diözese Trier (Hg.), Das Ganze verändern. Beiträge zur Überwindung des Kapitalismus (Kuno Füssel/Günther Salz und Helmut Gelhardt), Norderstedt 2016.

[103] Zum Verständnis dieser Kategorie und den Kriterien einer solchen Prüfung vgl. Eigenmann, „Das Reich Gottes und seine Gerechtigkeit für die Erde“ 158-164 und Eigenmann, Kirche in der Welt dieser Zeit 197-203.

Konziliarer Prozess für Gerechtigkeit, Frieden und Bewahrung der Schöpfung

Zum einen ist es der ökumenisch breit abgestützte Konziliare Prozess für Gerechtigkeit, Frieden und Bewahrung der Schöpfung.[104] Die erste Versammlung fand 1989 in Basel statt. In ihrer Botschaft[105] an die Christen Europas stellt die Versammlung fest: „Millionen von Männern, Frauen und Kinder gehen in Armut, Hunger und Kriegen zugrunde. Fundamentalste Menschenrechte werden ständig verletzt. Pflanzen- und Tierarten werden unwiederbringlich ausgerottet. Unser aller Leben und das der nachkommenden Generationen ist heute in Frage gestellt" (Botschaft Nr. 2). In dieser Botschaft positioniert sich die Versammlung im Sinne des prophetisch-messianischen Christentums, wenn sie erklärt: „Lasst uns unmissverständlich bezeugen, dass Christus selber in denen leidet, deren Würde mit Füßen getreten wird" (Botschaft Nr. 4).

Das Schlussdokument[106] spricht von den vielfältigen Herausforderungen durch die Bedrohungen von Gerechtigkeit (vgl. Nr. 9 und 10), Frieden (vgl. Nr. 11) und der Umwelt (vgl. Nr. 12 und 13). Es weiß um das Versagen der Christen (vgl. Nr. 43) und ist überzeugt, dass „[d]er wahre Glaube an Christus [...] immer ein persönlicher, aber nie ein privater [...] ist" (ebd.). Deshalb fordert es eine umfassende Umkehr zu Gott. Diese versteht es als vielfältige Verpflichtung, eine Gesellschaft aufzubauen, „[...] *in der die Menschen gleiche Rechte besitzen und in Solidarität leben*" (Nr. 43). „Zu diesem Engagement gehören das Hinwirken sowohl auf *persönliche Erneuerung wie auf die Veränderung der Strukturen*" (Nr. 71). Es wird „dringend eine neue Weltwirtschaftsordnung" (Nr. 84) gefordert, zu der auch der „[...] Erlass der *Schulden* für die ärmsten Entwicklungsländer [gehört]" (ebd.). Im letzten Abschnitt des Dokuments

---

[104] Er geht auf einen Beschluss des Ökumenischen Rates der Kirchen in Vancouver/Kanada im Jahre 1983 zurück. „Dort wurde von der Vollversammlung des Ökumenischen Rates der Kirchen die Empfehlung ausgesprochen, dass die Kirchen in einen ‚konziliaren Prozess gegenseitiger Verpflichtung (Bund) für Gerechtigkeit, Frieden und Bewahrung der Schöpfung' eintreten sollten (Frieden in Gerechtigkeit. Dokumente der Europäischen Ökumenischen Versammlung. Herausgegeben im Auftrag der Konferenz Europäischer Kirchen und des Rates der Europäischen Bischofskonferenzen, Basel/Zürich 1989, 9).

[105] Vgl. ebd. 39-41.

[106] Vgl. ebd. 43-84.

heißt es: „Wir beten, dass Gottes Wille geschehe, ‚wie im Himmel, so auf der Erde' (Mt 6,10)" (Nr. 100).

Bekenntnis von Accra des Reformierten Weltbundes

Zum anderen ist es der vom Reformierten Weltbund 1997 in Debrecen (Ungarn) angestoßene *processus confessionis* über die Frage, ob die Anerkennung des gegenwärtig herrschenden neoliberalen Kapitalismus mit dem christlichen Glauben vereinbar sei.[107] Anlässlich seiner Generalversammlung 2004 in Accra/Ghana ging der Reformierte Weltbund in dem als „Bekenntnis von Accra" bezeichneten Text eine Glaubensverpflichtung ein. Im Wissen um die eigene Mitschuld an den gegenwärtigen Verhältnissen (vgl. Nr. 34) weist das Bekenntnis auf alarmierende Zeichen der Zeit hin: So u. a. auf den Tod von täglich 24.000 Menschen als Folge von Armut und Unterernährung, die Schuldenbelastung armer Länder (vgl. Nr. 7), das Aussterben von Tier- und Pflanzenarten, klimatische Veränderungen und die Gefährdung der Trinkwasservorräte (vgl. Nr. 8). „Diese Krise steht in direktem Verhältnis zur Entwicklung der neoliberalen wirtschaftlichen Globalisierung" (Nr. 9). Angesichts dieser Zeichen der Zeit und aufgrund der Einschätzung der absoluten Gefolgschaft der neoliberalen Ideologie als Götzendienst (vgl. Nr. 10) formuliert das Bekenntnis von Accra ein siebenfaches Nein. Ein „[...] Nein zur gegenwärtigen Wirtschaftsordnung, wie sie uns vom globalen neoliberalen Kapitalismus aufgezwungen wird" (Nr. 19). Ein „[...] Nein zur Kultur des ungebändigten Konsumverhaltens, der konkurrierenden Gewinnsucht und der Selbstsucht des neoliberalen globalen Marktsystems [...]" (Nr. 20). Ein

---

[107] „Als Antwort auf den drängenden Appell der Mitgliedskirchen im Südlichen Afrika, die sich 1995 in Kitwe trafen, und in Anerkennung der wachsenden Dringlichkeit, sich der globalen wirtschaftlichen Ungerechtigkeit und ökologischen Zerstörung anzunehmen, forderte die 23. Generalversammlung (Debrecen, Ungarn 1997) die Mitgliedskirchen des Reformierten Weltbundes auf, in einen Prozess der ‚Erkenntnis, der Aufklärung und des Bekennens' (proecssus confesionis) einzutreten. Die Kirchen [...] hörten [...] die Schreie ihrer Brüder und Schwestern rund um den Erdkreis und wurden sich bewusst, in welchem Ausmaß die Schöpfung – Gottes Geschenk – bedroht ist" („Bekenntnis von Accra", http://wcrc.ch/de/bekenntnis-von-accra/, Nr 1).

„[...] Nein zur unkontrollierten Anhäufung von Reichtum und zum grenzenlosen Wachstum“ (Nr. 22). Ein „[...] Nein zu jeder Ideologie und jedem wirtschaftlichen Regime, das den Profit über die Menschen stellt“ (Nr. 25). Ein „[...] Nein zu jeder Theologie, die den Anspruch erhebt, dass Gott nur auf der Seite der Reichen stehe, und dass Armut die Schuld der Armen sei“ (Nr. 27). Ein „Nein zu jeder kirchlichen Praxis oder Lehre, die die Armen und die Bewahrung der Schöpfung in ihrer Missionsarbeit nicht berücksichtigt“ (Nr. 29). Ein „[...] Nein zu jedem Versuch, im kirchlichen Leben Gerechtigkeit und Einheit voneinander zu trennen“ (Nr. 31).

Papst Franziskus

Zum dritten sind es Aussagen von Papst Franziskus. „Ein bislang zentrales und durchgängiges Motiv in den Äußerungen von Papst Franziskus ist seine Götzen- und Fetischkritik, [...] zum ersten Mal in seiner Ansprache an einige beim Heiligen Stuhl akkreditierten Botschafter.“[108] Darin sprach er von „[...] neue[n] Götzen“ [und vom] Fetischismus des Geldes [...]“[109]. In einem Interview sagte er, wir hätten „[...] das Geld zu Gott gemacht. Wir sind einer Sünde des Götzendienstes verfallen, dem Götzendienst des Geldes“[110]. Im Apostolischen Schreiben Freude des Evangeliums *Evangelii gaudium* fordert er angesichts der „Herausforderungen der Welt von heute“ ein vierfaches Nein: „Nein zu einer Wirtschaft der Ausschließung [...], die tötet“ (EG 53); „Nein zur neuen Vergötterung des Geldes“ (Titel EG 55); „Nein zu einem Geld, das regiert, statt zu dienen“ (Titel EG 57); „Nein zur sozialen Ungleichheit, die Gewalt hervorbringt“ (Titel EG 59). Für ihn bedeutet „Evangelisieren [...] das Reich Gottes in der Welt gegenwärtig machen“ (EG 176). Mehrfach bezieht er sich auf dieses (vgl. EG 180,

---

108 Kuno Füssel/Michael Ramminger, Kritik des Götzendienstes und des Fetischismus in der Theologie der Befreiung und bei Papst Franziskus, in: Kuno Füssel/Ute Josten (Hg.), „Suchet zuerst das Reich Gottes und seine Gerechtigkeit“ (Mt 6,33). Festschrift für Pastor Günter Schmidt zum 80. Geburtstag, Münster 2016, 121-147, hier: 123.

109 Ebd.

110 Ebd. 124.

181, 197, 199, 278, 288). Er lässt sich von der Option für die Armen leiten, wenn er „[d]ie gesellschaftliche Eingliederung der Armen" (Titel EG 186) fordert. Franziskus erinnert an die universale Bestimmung der Güter, die älter ist als der Privatbesitz (vgl. EG 189) und spricht von der „[...] Notwendigkeit, die strukturellen Ursachen der Armut zu beheben" (EG 202) und „[...] die Probleme der Armen [...] von der Wurzel her [zu lösen] [und] auf die absolute Autonomie der Märkte und der Finanzspekulation [zu] verzicht[en]" (EG 202). Mit diesen Positionen kehrt Papst Franziskus zum Zweiten Vatikanum zurück und nimmt zentrale Anliegen der von diesem inspirierten Theologie der Befreiung auf. Damit erweist er sich als Zeuge des authentischen, prophetisch-messianischen Christentums.[111]

Der Konziliare Prozess, das Bekenntnis von Accra und Papst Franziskus bezeugen über konfessionelle Grenzen hinweg einen ökumenischen Konsens. Zum Kern dieses ökumenisch-zwischenkirchlichen Konsenses gehört die Orientierung am säkularen Verständnis von Ökumene als dem bewohnten bzw. wieder für alle bewohnbar zu machenden Erdkreis. In proportionaler Analogie zur biblisch bezeugten Absage an die Pax Aegyptica und an die Pax Romana bezeugen sie ihre Wo-Identität in zweifacher Hinsicht. Zum einen in der Absage an den idolatrischen Geltungsanspruch der Pax Capitalistica heute. Zum andern durch die Option für die Opfer dieser Pax Capitalistica im Sinne des biblischen Gottes des Lebens. Damit kehren sie hinter die Konstantinische Wende zurück, brechen mit der imperial-kolonisierenden Christenheit und orientieren sich wieder am prophetisch-messianischen Christentum des Ursprungs.

Schluss

Ein Christentum des prophetisch-messianischen Ursprungs hält gegen Poppers Verkehrung des Himmels in eine Hölle und gegen Ratzinger/Benedikt' XVI. luziferische Verteufelung des Reiches Gottes an der von Jesus den Seinen hinterlassenen Bitte fest: „Unser Vater im Himmel,

[111] Vgl. Eigenmann, Von der Christenheit zum Reich Gottes, 228-241.

dein Name werde geheiligt, dein Reich komme, dein Wille geschehe wie im Himmel, so auf der Erde“ (Mt 6,9). Glaubwürdig ist diese Bitte, wenn jene, die sie aussprechen glauben, worum sie bitten, wenn sie bekennen, was sie glauben, wenn sie lehren, was sie bekennen und wenn sie leben, was sie lehren, nämlich: „Dein Reich komme, dein Wille geschehe wie im Himmel, so auf der Erde.“ Gottes Reich soll kommen – als himmlischer Kern des Irdischen.

Anhang

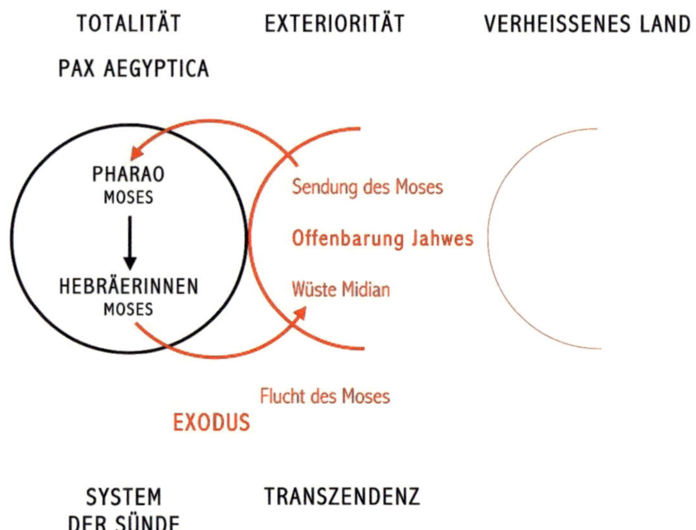

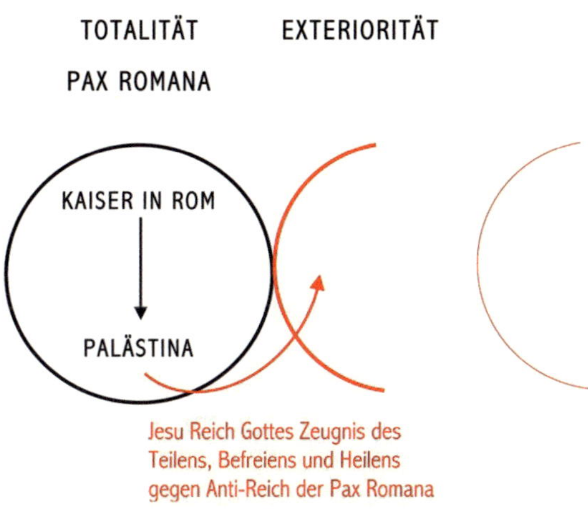
TOTALITÄT
EXTERIORITÄT
PAX ROMANA
KAISER IN ROM
PALÄSTINA
Jesu Reich Gottes Zeugnis des
Teilens, Befreiens und Heilens
gegen Anti-Reich der Pax Romana
STRUKTUR
DER SÜNDE
REICH GOTTES
ANGEBROCHEN
VERHEISSENE ERFÜLLUNG
DES REICHES GOTTES

TOTALITÄT
EXTERIORITÄT
PAX CAPITALISTICA
TOTALISIERTER
MARKT
MENSCHEN UND
NATUR ZERSTÖRT
Persönliche, pastorale und
politische Nachfolgepraxis
im Dienst am Reich Gottes
GEWALTVERHÄLTNISSE
STRUKTUREN D. SÜNDE
RG-VERTRÄGLICHES
HIST. PROJEKT GFS
ERFÜLLUNG DES RG:
UTOPISCHER HORIZONT

Die Linke und die Religionskritik

Michael Ramminger

„Religionen sind totalitäre Ideologien. Sie dürfen in einer Demokratie nur existieren, solange sie täglich aufs Schärfste angegriffen werden können." hieß es in einem Artikel der taz[1] 2015. Prägnanter kann man wohl einen bestimmten Typus linker, deutscher Religionskritik nicht auf den Punkt bringen. Dieses Ethos der Demokratie und der offenen Gesellschaft unter Rückgriff auf das berühmte „Opium für das Volk" hat schon etwas Bewundernswertes. Andere sind da ob des ausbleibenden Absterbens der Religion und ihrer Wiederkehr in deren Beurteilung etwas zurückhaltender. Jan Rehmann[2] z.B. vermutet, dass es eine „postmarxistische Linke" gibt, die ob der Verkürzungen der marxistischen Religionskritik und des Zusammenbruchs des Staatssozialismus Religionen durchaus einen legitimen Platz in der lebensweltlichen Sinngestaltung zuweisen.[3] Und spätestens seit den Anschlägen von 2001 ist dazu noch einmal das Phänomen eines erstarkenden islamischen Integralismus oder Islamismus gekommen, das den postkolonial imprägnierten Linken verwirrt vor der Frage zurücklässt, ob er jetzt eher vor der „Religion als totalitärer Ideologie" oder der Gefahr der Islamophobie warnen soll.[4] „Die dramatische weltweite Rückkehr der Religionen und ihre Bedeutung als öffentliche Macht hat die meisten von uns

1 Daniel Schulz, Gottes Liebe ist bitter. taz-online vom 17.01.2015: http://www.taz.de/!5023549/, zuletzt abgerufen am: 26.01.2017.

2 „Viele Linke (haben) nach dem Zusammenbruch des Staatssozialismus jegliche marxistisch inspirierte Religionskritik über Bord geworfen ... und die Religion nun ‚positiv' bewertet, z.B. weil sie mit ‚höheren Werten' zu tun habe … weil sie zur ‚Lebenswelt' gehörte, die die Menschen gegen die herzlose ‚Systemwelt' schütze ... ", Jan Rehmann, Für eine ideologietheoretische Aktualisierung marxistischer Religionskritik, in: Das ARGUMENT, 299, 54. JAHRGANG, HEFT 5, 655f.

3 Solche Argumentation findet sich z.B. bei Ulrich Oevermann, Religion als anthropologische Grundbestimmung aus der Spannung der Endlichkeit und unendlicher Möglichkeiten: Ein Modell der Struktur von Religiosität. In: Monika Wohlrab-Sahr (Hg.): Biografie und Religion. Zwischen Ritual und Selbstsuche. Frankfurt/New York 1995, 27-102.

4 Volker Weiß, Dröhnendes Schweigen. Früher war Religionskritik die vornehmste aller marxistischen Tugenden, in: zeit-online, 23.04.2015: http://www.zeit.de/2015/15/religionskritik-linke-fundamentalismus-islamismus, zuletzt aberufen am: 26.01.2016.

überrascht, ob wir nun Sozialwissenschaftler sind oder nicht", hatte schon ein Jahr zuvor Martin Riesebrodt geschrieben.[5]

Diese Einschätzung scheint durchaus durch einige Daten empirisch gedeckt zu sein. So gibt es in den letzten Jahren z.B. auf dem afrikanischen Kontinent zunehmend politische Kräfte und Regierungen, die einer integralistischen Islam-Interpretation verpflichtet sind, in Süd- und Lateinamerika werden wir Zeugen einer rapiden Zunahme pentecostaler und neopentecostaler Kirchengründungen[6], in den USA wächst der christliche Fundamentalismus und Kreationismus und die Religionsmonitore der Sinus-Studien[7] erklären uns regelmäßig, dass Menschen in der BRD nach wie vor religiöse Bedürfnisse haben, und selbst Ulrich Beck spricht von der Sehnsucht nach Liebe als der „irdischen Religion" der individualisierten Moderne.[8] Die Säkularisierungsthese, nach der Religion und Moderne unvereinbar seien, wird bestritten und zugleich bekräftigt. Und all das hängt natürlich wiederum an der Frage, wie denn eigentlich Religion (und im Umkehrschluss auch: Moderne) definiert wird. Vielleicht sollte man vorläufig festhalten, dass wir es möglicherweise nicht einfach mit einer Wiederkehr der Religionen, sondern vielmehr mit einer Verschiebung des religiösen Feldes zu tun haben. Diese Verschiebung betrifft aber nicht nur „die Religion", sondern logischerweise gesamtgesellschaftliche Verhältnisse. Es wäre auf jeden Fall eine unzulässige Verkürzung, sie ausschließlich im Feld des Religiösen selbst von institutionalisierten Sozialformen zu sozial diffusen, mehr individualisierten Formen anzusiedeln.[9]

Ironischerweise verweist die Tatsache, dass sich allerorten mit Religion beschäftigt wird, tatsächlich andererseits darauf, dass kaum jemand auf die Idee kommt, die „Moderne", die „Demokratie" oder den „Ka-

---

5 Martin Riesebrodt, Rückkehr der Religionen, München 2000, 9.

6 Michael Ramminger, Kirche und Religion in Mittelamerika, in: Ina Hilse/Kirstin Büttner (Hg.) Stuttgart 2015, Engagiert - resistent - bedroht. Handlungsspielräume und Perspektiven sozialer Bewegungen in Mittelamerika.

7 http://www.sinus-institut.de.

8 Ulrich Beck, Das ganz normale Chaos der Liebe, Frankfurt 1990, 231.

9 Detlev Pollack, Rückkehr des Religiösen? Studien zum religiösen Wandel in Deutschland und in Europa II, Tübingen 2009, 214.

pitalismus" in die Fragekonstellation miteinzubeziehen – es sei denn eben ganz randständig als Systeme, die per definitionem gesellschaftlich unbewältigbare Kontingenzbewältigungspraxis erfordern. Dies ist umso bedauerlicher, als die Geschichte der Moderne selbst ja mit erheblichen Katastrophen verbunden ist, die mit der Konstitution der Aufklärung und der Vernunft und ihrer Ablösung von religiösen Argumentations- und Legitimationsfiguren verbunden sind: Kolonialismus, Nationalismus, Rassismus und Faschismus können keineswegs Religionen „als totalitären Ideologien" zugeschrieben werden. In Auseinandersetzung mit der Kritischen Theorie hatte die politische Theologie der siebziger Jahre schon damals skeptisch eingewandt: „Schwer durchschaubar ist die abstrakte Geltung des ‚Subjekts', d.h. die Rede über ‚den' Menschen und seine ‚Vernunft', ‚Autonomie', ‚Freiheit' etc."[10]

Religion(-skritik) aktuell

Für den jungen Marx war die Sache noch relativ einfach: Für ihn war Religion institutionell an die großen Kirchen in Deutschland, also an die katholische und evangelische Kirche gebunden. Für diese Form von Religion hatte er deren Absterben erwartet und damit in gewisser Weise Recht behalten: Die großen christlichen Volkskirchen verlieren bis heute weltweit in ihrem gemeinschaftsverpflichtenden und ideologieformierenden Anspruch an Bedeutung. Das lässt sich nicht nur an ihren schwindenden Mitgliederzahlen belegen, sondern auch, wie im Falle der katholischen Kirche, an ihrem verzweifelten Versuch, Wahrheitsansprüche aufrechtzuerhalten. Es lässt sich auch belegen an der zunehmenden innerkirchlichen Pluralisierung der Meinungen, Überzeugungen, Frömmigkeitspraxen etc. Hier liefert die bürgerliche Religionssoziologie ausreichend illustrierende Beispiele: Von esoterischen Praxen, selbstgestrickten Kosmologien bis hin zu selbstbewußten Neu- und Eigengründungen von Kirchen wie z.B. im immer noch fälschlicherweise als katholisch bezeichneten Kontinent Südamerika, wo es haufenweise Beispiele für die Krise der historischen christlichen Kirchen gibt.

---

10 Johann Baptist Metz, Glaube in Geschichte und Gesellschaft, Mainz 1977, 29.

Marx hatte den Hegemonieanspruch der Kirchen bestritten und ihnen im Grunde nachgewiesen, dass sie sich aus der mittelalterlichen Vermengung von Staat und Kirche nicht lösen wollten und, obwohl sie immer noch ein großes Reservoir an Herrschaftsmethodologien und Machtinstrumentarien zur Verfügung stellten, ihre Machtposition auch verloren hatten. Nach Marx nimmt der bürgerliche Staat „die erste ideologische Macht über den Menschen" ein, der erst danach „Recht, Religion, Philosophie usw."[11] folgen, denn der Staat hatte die Funktion „illusorische Gemeinschaftlichkeit"[12] zu erzeugen, übernommen. Diese Einsicht und Form von Gesellschaftskritik nimmt heute im Verhältnis zum allgemeinen Interesse an Religion leider eine untergeordnete Rolle ein. Sie gilt natürlich auch nicht zwangsläufig heute noch in dieser Eindeutigkeit, insofern Kulturindustrie, social-media oder Werbung, ja selbst die Folgen der Umwälzungen der Produktivkräfte und ihr Effekt auf die Formen der Vergesellschaftung mitbedacht werden müssten.

Marx: die Religionskritik ist im Wesentlichen beendet

Fangen wir also damit an, dass Marx in seiner Einleitung zur Kritik der Hegelschen Rechtsphilosophie behauptet, dass die „Religionskritik im wesentlichen beendet sei"[13] und es nun darum ginge, die „Selbstentfremdungen in ihren unheiligen Gestalten zu entlarven"[14]. Dahinter verbirgt sich nicht nur eine Kritik an damaliger junghegelianischer Religionskritik als Kritik von Religion als falschem Bewusstsein, sondern der Vorschlag einer ganz neuen Form von Verfahren, nämlich „von der Kritik des Himmels" zu einer „Kritik der Erde" überzugehen.[15] Marx fordert also, sich von einer einfachen Kritik der Religion als „falschem

[11] Karl Marx, Ludwig Feuerbach und der Ausgang der klassischen deutschen Philosophie, in: Marx-Engels-Werke (MEW 21) Band 21, Berlin 1979, [Erstveröffentlichung: 1888], 302.

[12] Karl Marx, Deutsche Ideologie, in: Marx-Engels-Werke (MEW 3) Band 3, Berlin 1958, [Erstveröffentlichung 1932, geschr.: 1845-46], 33.

[13] Karl Marx, Zur Kritik der Hegelschen Rechtsphilosophie, in: Marx-Engels-Werke (MEW 1) Band 1, Berlin 1958, [Erstveröffentlichung: 1844], 378.

[14] Karl Marx, Zur Kritik der Hegelschen Rechtsphilosophie, a.a.O., 379.

[15] Ebd.

Bewusstsein" zu verabschieden und dazu überzugehen, nach den jeweiligen gesellschaftlichen Verhältnissen zu fragen, die dieses Bewusstsein produzieren. Ich vermute, dass dieser Abschied von der „klassischen" Religionskritik durchaus von der Erwartung geprägt war, dass die Religion in ihrer überkommenen Form absterben würde, weil in der kapitalistischen Klassengesellschaft eben andere, neue Formen von Religion (zunächst: Staat und Recht) entstehen, die die verhimmelten Formen gesellschaftlichen Bewusstseins sind. Ob man deshalb für Marx selber annehmen kann, dass er sich „für die Ambivalenz" von Religion als Ausdruck des wirklichen Elends und Protestation dagegen im Begriff des Seufzers der bedrängten Kreatur interessiert[16], mag offen bleiben. Richtig ist aber auf jeden Fall, dass Marx sich von einer abstrakten, philosophisch-idealistischen Religionskritik à la Feuerbach verabschiedet und sich auf die Suche nach „historisch-kritischen Rekonstruktionen religiöser Verjenseitigung aus den jeweiligen Widersprüchen der Gesellschaft"[17] macht, die er eben nicht nur auf dem Feld der Kirchen und den damit verbundenen Vergemeinschaftungen sucht. Marx betreibt Religionskritik dabei vom Standpunkt eines Humanismus aus, d.h. ausgehend von der Frage nach den Möglichkeiten einer Gesellschaft ohne Ausbeutung und Unterdrückung.

Die Kritik der irdischen Götter

Der deutsch-costaricanische Wirtschaftswissenschaftler und Theologe Hinkelammert hat wiederholt darauf hingewiesen, dass Marx schon in der Vorrede zu seiner Dissertation von 1841 der Philosophie die Aufgabe zuwies, ihren „Spruch gegen alle himmlischen und irdischen Götter, die das menschliche Selbstbewusstsein nicht als die oberste Gottheit anerkennen" zu setzen[18], und dass in der Kritik der Hegel-

---

[16] Jan Rehmann, Für eine ideologietheoretische Aktualisierung marxistischer Religionskritik, a.a.O., 655.

[17] Ebd.

[18] Franz Hinkelammert, Kritik der politischen Ökonomie, Religionskritik und Humanismus der Praxis, in: Rosa Luxemburg Stiftung, Kämpfe für eine solidarische Welt. Theologie der Befreiung und demokratischer Sozialismus im Dialog, Berlin 2010, 31.

schen Rechtsphilosophie der Begriff der obersten Gottheit durch den Begriff des „Menschen als höchstem Wesen für den Menschen" ersetzt ist. An die Stelle des menschlichen Selbstbewusstseins als oberste Gottheit ist der Ausdruck getreten: der Mensch als „höchstes Wesen" für den Menschen. Marx zeigt auf, dass, wenn irgendetwas anderes als der Mensch zum höchsten Wesen erklärt wird, dies dazu führt, das „der Mensch ein erniedrigtes, ein geknechtetes, ein verlassenes, ein verächtliches Wesen" wird.[19] Alle theoretische Anstrengung von Marx zielt also tatsächlich darauf ab, gesellschaftliche Verhältnisse so transparent zu machen (offenbaren), dass die Menschen zunächst in der Lage sind, die Verhältnisse zu erkennen, mit dem Ziel, diese „umzustürzen", d.h. solche gesellschaftlichen Verhältnisse herzustellen, die Unterdrückung und Gewalt nicht verschleiern, sondern in denen sie überwunden sind und „eine Praxis in Gang zu setzen, für die eine andere Welt möglich ist"[20]. Das bis heute Bedeutsame marxscher Religionskritik besteht also darin, dass sie sich aus der klassisch aufklärerischen Konstellation von Rationalität vs. Irrationalität, bzw. Aberglaube löst und sie vom Standpunkt der Verkennung gesellschaftlicher Zusammenhänge her denkt, also wenigstens anfanghaft ideologietheoretisch. Marx geht sogar noch einen Schritt weiter und bezieht die Religionskritik auf die Kritik bürgerlicher Ökonomie und kapitalistischer Klassenverhältnisse und Produktionsbedingungen. Er redet vom „Fetischcharakter der Ware", nutzt also den ursprünglich diffamierend gemeinten kolonialistischen Begriff des Fetischs für die afrikanischen Religionen und bezieht ihn auf die bürgerlich-kapitalistische Gesellschaft. Damit kehrt er den eurozentrisch superioren Blick auf die sogenannten primitiven Völker um, und weist der kapitalistischen Klassengesellschaft ihrerseits Verkennung der realen Verhältnisse und Götzenanbetung nach.[21] Das Produkt menschlicher Arbeit mutiert zur

---

19 Karl Marx, Zur Kritik der Hegelschen Rechtsphilosophie, a.a.O., 385.

20 Franz Hinkelammert, Kritik der politischen Ökonomie, Religionskritik und Humanismus der Praxis, Religionskritik und Humanismus der Praxis, a.a.O., 35.

21 Vgl.: Jan Rehmann, Für eine ideologietheoretische Aktualisierung marxistischer Religionskritik, a.a.O.

Ware und in seiner allgemeinen Form, dem Geld, zu einem Fetisch, dem eigenständige Kräfte und Eigenschaften zugewiesen werden, der die Gesellschaft strukturiert. Aber hier soll es nicht um den Fetischcharakter von Geld und Ware gehen, sondern um eine gewisse Denkfaulheit innerhalb der Linken. Sie bezieht sich nämlich all zu häufig unkritisch auf eine aufklärerische Religionskritik und nimmt gegen Marx weder dessen ideologietheoretischen Fokus noch seinen formulierten Fetisch-/Religionsbegriff für die bürgerlich-kapitalistische Gesellschaft ernst. Am Ende einer solcherart verkürzten Kapitalismuskritik steht dann als erschöpfendes sujet von Religionskritik oft genug nur islamischer Integralismus, 1000-Kreuzemärsche oder evangelikaler Fundamentalismus.

Was also könnte Religion eigentlich sein?

Wenn also bei Marx das Verfahren von Religionskritik konstruktiv auf alle verkennende ideelle Repräsentation gesellschaftlicher Verhältnisse ausgeweitet wird, stellt sich die Frage, ob man dann überhaupt noch von einem spezifischen Feld der Kritik religiöser Anschauungen reden kann. Diese durch das marxsche Verfahren aufgeworfene Problematik durchzieht übrigens bis heute auch die Vielfalt soziologischer Definitionen und ihrer Unsicherheit, was mit Religion eigentlich gemeint sein soll. Für den amerikanischen Religionssoziologen Peter Berger z.B. ist Religion eine ursprüngliche Realitätserfahrung, die sich in Institutionen (religiösen Traditionen und Organisationen), Überlieferungen (heiligen Schriften und Symbolen) und Praktiken (Gebete, moralischem Verhalten) ausdrückt, durch welche diese numinose Realität auch den gewöhnlichen Menschen auf dauerhafte Weise fassbar wird. Religion gewinnt ihre Glaubwürdigkeit aus dem sozialen Konsens, d.h. sie generiert sozialen Sinn.[22] Ich schlage vor, das Attribut „ursprüngliche" Realitätserfahrung fortzulassen, da es wenig erklärt und besser durch Realtitätsinterpretation zu ersetzen. Dann kann man auch „numinos"

---

[22] Peter Berger, Der Zwang zur Häresie. Religion in einer pluralistischen Welt, Freiburg i. Br. 1973.

streichen, da es, wie der Name schon sagt: numinos bleibt und nur auf das vermeintlich „irrationale" von Religion verweisen soll.

Die Religionsdefinition lautet dann: Religion ist eine spezifische Realitätsinterpretation, die sich in Institutionen (Traditionen und Organisationen), Überlieferungen (Schriften und Symbolen) und Praktiken (Gebete, moralischem Verhalten) ausdrückt und die zu einem bestimmten, aber nicht ausschließlichen Teil als Sprechakte, symbolische Handlungen oder Lektüreerlebnisse, die auf meta-empirische Dimensionen verweisen[23], verstanden werden können. Dadurch wird die Realität Menschen auf dauerhafte Weise fassbar, d.h. Religion produziert oder projeziert sozialen Sinn. Oder kurz gesagt: Sie bietet a) Identität, b) Handlungsorientierung, c) sie legitimiert oder deligitimiert die Macht und hat d) ein umfassendes Weltbild. Damit unterscheidet sich Religion dann tatsächlich nicht substantiell von anderen Formen ideeller Repräsentation, weshalb ja auch Marx die Religionskritik auf den Kapitalismus anwenden konnte.

Kapitalismus als Religion

Dieser Intuition war nicht nur Marx in seiner Fetischanalyse gefolgt, auch Georg Simmel hatte in seiner Philosophie des Geldes gesagt: „Wesentlich für das Geld sind die von ihm verkörperten Vorstellungen"[24] und ganz anders hatte Walter Benjamin in einem kleinen Essay behauptet, dass Kapitalismus essentiell Religion sei: „Im Kapitalismus ist eine Religion zu erblicken, d.h. der Kapitalismus dient essentiell der Befriedigung derselben Sorgen, Qualen, Unruhen, auf die ehemals die so genannten Religionen Antwort gaben."[25]

In diesem Sinne kann man durchaus davon sprechen, dass der Kapitalismus Religion geworden ist. Denn er macht den Menschen eine Realitätserfahrung auf Dauer fassbar: Und zwar in der Form, dass er die

23 Kuno Füssel, Sprache, Religion, Ideologie, Frankfurt a.M. 1982.

24 Georg Simmel, Georg, The philosophy of money, London 1978 , 128.

25 Walter Benjamin, Kapitalismus als Religion [Fragment], in: Gesammelte Schriften, Hrsg.: Rolf Tiedemann und Hermann Schweppenhäuser, 7 Bde, Frankfurt am Main, 1. Auflage, 1991, Bd. VI, 100.

herrschende Realität auf Dauer stellt, d.h. unhintergehbar macht: Jenseits des Marktes und des Wertes[26] kein Heil! – und er nutzt dazu Symbole. Benjamin verwies zu seiner Zeit auf die Heiligenbilder des Geldes, heute sind sicherlich andere Dinge dazugekommen wie Einkaufszentren, Börsen, Versicherungskathedralen etc.

Die permanente Dauer des Kultes spiegelt sich in der Auflösung von „religiöser“ und „profaner“ Zeit (übrigens ein Religionsmerkmal „vormoderner Zeit“): Immerzu werden die Menschen den kultischen Bildern und Symbolen wie Werbung, Körperidealen ausgesetzt, seine Praktiken und moralischen Handlungsempfehlungen sind Konsum, Arbeit und Reichtum mehren … Der soziale Sinn, den er anbietet, besteht in einer kollektiv „geglaubten“ individualisierten verschuldenden Jetzt-Zeit-Eschatologie: „Das bin ich mir schuldig!“[27]

An einer Stelle aber weicht der Kapitalismus als Religion von obiger Religionsdefinition ab: Er kennt keine starken Institutionen, also religiöse Traditionen und Bürokratien. Dies ist m.E. zugleich seine Schwäche wie auch seine Stärke. Denn nicht jede Sinnsuche, jede spirituelle Artikulation kann als religiös bezeichnet werden, aber alles kann wegen des Synkretismus des Kapitalismus in seine Religion inkorporiert werden. Dort, wo der Kapitalismus keinen sozialen Sinn produzieren kann, sourct er diese Aufgabe befristet aus, ohne sich selbst in Frage stellen zu müssen (So wird z.B. im Neopentecostalismus der ökonomische Erfolg ganz kapitalismuskompatibel als „Segen Gottes“ interpretiert). Er gibt sich nicht als Religion zu erkennen, hat – wie einige monotheistische Religionen – universellen Anspuch, zugleich aber polytheistische Züge. Er lebt nicht nur von seiner eigenen Religion, sondern ist auch in der Lage andere Religionen zu inkorporieren und zu instrumentalisieren.

Diese Flexibilität macht ihn natürlich stark in der spontanen Reaktion auf Reformbedarf seiner selbst (capitalismus semper reforman-

---

[26] Vgl. Robert Kurz, Was ist Wertkritik. Interview der Zeitschrift MARBURG-VIRUS mit Ernst Lohoff und Robert Kurz: http://www.krisis.org/1998/was-ist-wertkritik/, zuletzt abgerufen am 29.01.2016.

[27] So der Slogan auf der Lebensberatungswebseite schuld.am.glück: http://www.andersdenken.at/workshop-glueck/, zuletzt abgerufen am 04.02.2016.

dum): ob Arbeitsethos oder konsumistische Endzeitexzesse: vieles lässt sich integrieren, solange seine Wertform nicht angegriffen wird. Es macht ihn aber auch schwach, weil fehlende Institutionalisierung auch Anfälligkeit für Häresie und Apostasie bedeutet und seinen religiösen Charakter, Wirklichkeitsinterpretation für den Alltagsverstand dauerhaft fassbar zu machen, gefährdet.

Insofern ist Rehmann Recht zu geben, der von linker Religionskritik fordert, „von der Kritik des ‚Heiligenscheins' zur ‚Kritik des Jammertals' über(zu)gehen, die Entfremdungen, Verkehrungen und Mystifikationen in der ökonomischen Tiefenstruktur selbst auf(zu)suchen und von dort aus die neoliberalen Ideologien aufs Korn zu nehmen, die den Markt wie eine verborgene Gottheit zelebrieren."[28]

Damit sind „die" Religionen, insbesondere das Christentum natürlich nicht fein raus ...

Es käme also in jedem Fall weniger darauf an, Religion aufgrund der Form ihrer ideellen Repräsentation als irreal oder als falsches Bewusstsein zurückzuweisen, sondern eben vielmehr aufgrund ihrer gegebenen gesellschaftlichen Position und ihrer Praxis zu beurteilen. Religionskritik bedeutet dann, exakt zu bestimmen, wie Religion, die nicht nur Ideologien, sondern immer auch ideologische Apparate mit materieller Basis sind (Institutionen mit religiösen Traditionen und Organisationen, Überlieferungen und organisierten Praktiken wie Gebeten, aber auch moralischem Verhalten bis hin zu Wohlfahrtsverbänden), wie „ein solcher Apparat die herrschende Ordnung unterstützt, die soziale Ungerechtigkeit verschleiert, die Klassengegensätze schönschwätzt, selbst an Ausbeutung und Marginalisierung beteiligt ist..."[29]. Dabei wäre es aber sowohl theoretisch als auch politisch immer wichtig, das Gesamt gesellschaftlicher Hegemonieverhältnisse mitzudenken: Im Blick auf die christlichen Kirchen geht es derzeit mehr um einen Überlebenskampf im Sinne der Behauptung eines gesellschaftlich akzeptierten Nischenortes.

[28] Jan Rehmann, Für eine ideologietheoretische Aktualisierung marxistischer Religionskritik, a.a.O., 162.

[29] Ebd.

Die traditionellen christlichen Kirchen sind nicht mehr *die* Sinnproduzenten, sondern kämpfen in einer pluralen Gemengelage um gesellschaftliche Anerkennung und vielleicht auch Hegemonie. Ich denke hier nicht zuerst, aber auch an die Konkurrenz unter Religionsgemeinschaften und anderen partikularen Sinnproduzenten, sondern vor allem daran, dass zu diesen Sinnproduzenten in erster Linie die kapitalistische Gesellschaft selbst gehört. In dieser Situation erleben ChristInnen der großen Volkskirchen seit einiger Zeit einen erheblichen Bedeutungsverlust ihrer Kirchen und damit auch der christlichen Religion, deren Ursache nicht der weltanschauliche Pluralismus, sondern die kapitalistischen Tiefenstrukturen sind. Ihre Krise drückt sich in der Schwächung ihrer Institutionalität aus, z.B. in den zurückgehenden finanziellen und personellen Ressourcen, sie drückt sich in der zurückgehenden religiösen Praxis ihrer Mitglieder und damit wohl auch in der Plausibilität ihrer Wirklichkeitsinterpretation aus: Die Zahlen rückläufiger Kirchenbesuche und Kirchenmitgliedschaften sind evident. Sie drückt sich aber auch in der zunehmenden Schwächung ihrer Institutionalität nach Innen im Sinne ihrer immer schwächer werdenden Fähigkeit zur gemeinschaftsverpflichtenden Wertvermittlung aus.

Die Kirchen stürzen sich auch deshalb auf die behauptete Wiederkehr der Religion, wie sie vor allem von den religionssoziologischen Individualisierungstheoretikern prognostiziert wird, und versuchen entsprechende individualisierungsverstärkende Spiritualitäts- und Esoterikangebote zu machen oder beschränken sich auf ihr „Kerngeschäft“, die sakramentale Lebensbegleitung von Taufe bis zu Beerdigung. Auch organisationstheoretisch haben sie dem zunehmenden Bedeutungsverlust nicht wirklich etwas entgegenzusetzen: Von Gemeinde- bis zu Diözesenreformen über die „Modernisierung“ sozial-caritativer Einrichtungen setzt man auf kapitalistischen mainstream von Unternehmensberatung bis hin zu postfordistischen Organisationsrestrukturierungen mit Hilfe von flachen Hierarchien und Lean production.

Das wäre also die gute Nachricht für alle eingefleischten Religionskritiker: Die Kirchen setzen so ziemlich alles daran, sich überflüssig zu machen. Die schlechte ist, dass schon Marx in den Religionen auch die

Protestation gegen das wirkliche Elend vorhanden sah, also Religionen durchaus in ihrer Dialektik von Unterdrückung und Entfremdung einerseits und Protest, Kritik und Befreiung andererseits sah. Die jeweiligen Traditionsbestände und Sinnangebote sind und waren ja dann auch in den Religionen selbst (was selbstverständlich auch für den Islam gilt!) immer umkämpft.

Ein gutes Beispiel dafür ist die in den siebziger Jahren entstandene und vom Vatikan, von den USA und den nationalen Oligarchien bekämpfte und verfolgte Theologie der Befreiung in Lateinamerika. Dort war in verschiedenen Ländern in den siebziger Jahren eine „Kirche des Volkes" entstanden, die sich im Kontext von Massenverelendungen und Aufschwung von Befreiungsbewegungen an die Umwälzung aller Verhältnisse machte, in denen „der Mensch ein erniedrigtes, ein geknechtetes, ein verlassenes, ein verächtliches Wesen" ist. Dabei griff diese Bewegung vor allem zunächst auf eigene (biblische) Traditionsbestände zurück, wie z.B. die Exodus-Erzählung vom Auszug aus der Sklaverei, auf sozialkritische Erzählungen des ersten Testaments und auf eine Christologie, in der die Ermordung Jesus von Nazareth als ein politischer Mord der römischen Besatzungsmächte interpretiert wurde. Die Verheißung des Reich-Gottes wurde nicht als ausschließliche Jenseitsverheißung interpretiert, sondern als ein „schon jetzt".

Ein wesentliches Element dieser Theologie war die Götzenkritik. Vor allem Pablo Richard[30] hat es ausformuliert: Sein Ausgangspunkt besteht in der Feststellung, dass die Frage Lateinamerikas nicht die Frage des Atheismus als ontologisches Problem ist, also ob Gott existiert oder nicht. Die zentrale Frage sei der Kampf der Götter, theologisch gesprochen der Kampf zwischen dem befreienden Gott JHWH gegen die Götter: „Die unterdrückende Welt ist heutzutage ein Zusammenhang von Fetischen, Götzen, Priestern und Theologen. Der moderne Kapitalismus ist ein System, das Tag für Tag andächtiger und religiöser

---

[30] Chilenischer Priester und Theologe, Mitbegründer der Bewegung Christen für den Sozialismus. Richard musste nach dem Putsch in Chile 1973 flüchten und lebt seither in Costa Rica, wo er das DEI (Departamento ecumenico de Inverstigaciónes) gründete, in dem ganze Generationen lateinamerikanischer Militanter ausgebildet wurden.

wird."[31] Der Glaube an den befreienden Gott offenbare sich im Kampf der Armen gegen die Unterdrückung und verwirkliche sich deshalb in der Negation der falschen Götter und der Abkehr von ihnen. Und er kritisiert schon 1984: „Die so hochgelobte Säkularisation und der provozierende Aufruf ‚Gott ist' tot, haben lediglich dazu gedient, neue Produktionsformen für die Herstellung von Religionswaren und die Erweiterung des Marktes für den Konsum von neuen Theologien zu schaffen. (...) Den Armen ist die Suche nach dem Antlitz des wahren Gottes nur auf dem Weg einer politischen Befreiungspraxis möglich. Der Klassenkampf hat sich auch zu einem Kampf des Gottes Jesu Christi gegen den Götter-Olymp des kapitalistischen Systems entwickelt."[32]

Was das Christentum zu bieten hätte

An dieser Stelle zeigt sich, dass sich bei einer differenzierten Betrachtung von Religion nicht nur keine Widersprüche zwischen nicht-christlicher und christlicher Vorstellung von emanzipativem und befreiendem Denken und Handeln ergeben (müssen), sondern dass es hier offenkundig Konvergenzen gibt.

In der Befreiungstheologie wird Gott als derjenige gedacht und geglaubt, „der das menschlich Unmögliche transzendiert ... , der Gott (ist, M.R.), der die Angst und die Entfremdung nicht duldet, die der Unterdrücker dem unterdrückten Volk in sein Innerstes eingeprägt hat"[33] . Mit der Transzendierung des menschlich Unmöglichen ist dabei dann gerade die Ermöglichung des scheinbar Unmöglichen gedacht, eben das Ende von Unterdrückung und Entfremdung.

Transzendierung meint also gerade die Unterbrechung der Illusion, die Form der Beziehungen zwischen den Waren als von den Beziehungen zwischen den Produzenten unabhängig erscheinen zu lassen, wobei ihre scheinbare „Naturwüchsigkeit" zusätzlich den Charakter herr-

[31] Pablo Richard, Die Götzen der Unterdrückung und der befreiende Gott, Münster 1984, 11.

[32] Pablo Richard, a.a.O., 12.

[33] Pablo Richard, Die Götzen der Unterdrückung und der befreiende Gott, a.a.O., 16.

schaftsförmiger Sachzwänge gewinnt und damit jede politische Gegenwehr im Keim zu ersticken droht. Denn der kategoriale Rahmen, durch den die gesellschaftliche Wirklichkeit wahrgenommen wird, ist den Verhältnissen inhärent. Kategorien und Phänomene sind sozusagen homolog, weil ein bestimmtes gesellschaftliches System sich die es abbildende Entsprechung im Bewusstsein so schafft, dass diesem die dadurch begriffenen Verhältnisse als selbstverständlich erscheinen. Darin liegt das offenbare Geheimnis z.B. der TINA-Formel – There is no alternative – oder der gläubigen Anbetung der Allmacht des freien Marktes.[34] Genau dies war auch das Anliegen von Marx: Er ersetzte implizit seine vorherige Religionskritik durch eine Kritik des Fetischismus als Methode zur Unterscheidung zwischen „fetischisierter Transzendentalität und vermenschlichter Transzendentalität."[35]

Den Kapitalismus transzendieren

Der Kapitalismus ist nicht das Ganze der Welt und der Wirklichkeit. Die theologisch-philosophische Kategorie der Transzendenz bekommt hier eine neue politisch-ökonomische Bedeutung und Brisanz, denn Transzendenz heißt zunächst einmal: Überschreiten von Grenzen.[36] Und hier sind wir doch wohl bei einer der brennendsten Fragen der Gegenwart angelangt, ob nämlich eine Transzendierung der gegenwärtigen kapitalistischen Weltverhältnisse überhaupt denk- und glaubbar erscheint.

Spätestens seit der postmodernen Philosophie wird uns ja in der Kritik der „großen Erzählung" versucht einzureden, dass jede Überschreitung der Verhältnisse, jede Sehnsucht nach transparenter und kommunizierbarer Erfahrung notwendig zu Terror und Krieg führen müsse und dass es deshalb gut sei, dass die Menschen selbst die Sehn-

---

[34] Kuno Füssel/Michael Ramminger, Kritik des Götzendienstes und des Fetischismus in der Theologie der Befreiung und bei Papst Franziskus, in: Franz Segbers und Simon Wiesgickl (Hrsg.), Diese Wirtschaft tötet, Hamburg 2015, 85.

[35] Franz Hinkelammert, Die ideologischen Waffen des Todes. Zur Metaphysik des Kapitalismus, Münster/Fribourg 1985, 63.

[36] Kuno Füssel/Michael Ramminger, Kritik des Götzendienstes und des Fetischismus in der Theologie der Befreiung und bei Papst Franziskus, in: a.a.O., 88.

sucht nach der verlorenen Erzählung verloren haben.[37] Was Lyotard dabei übersehen hatte, war, dass die große Erzählung immer weiter existierte, aber als eine Erzählung, ein Gott, eine Transzendenz, die verheimlicht werden muss, eine „heidnische und pantheistische" Religion, in der Gott mit dem Wesen der Welt zusammenfällt, und deren Ziel nicht die Reform, sondern die Zertrümmerung des Seins ist[38] – und die deshalb keine echte Transzendenz ist.

Ganz im Sinne der befreiungstheologischen Behauptung, dass nämlich die Frage nicht sei, ob Gott existiert oder nicht, sondern wer oder was gesellschaftlich als Gott funktioniert, können wir vielleicht sagen, dass der Kapitalismus, seine Weise sich und die Menschen zu produzieren und zu reproduzieren (bis in die Produktion von Subjektivität und Biomacht) von einer immanenzverweigernden Transzendenz ist.[39] Das Christentum weiß bis heute trotz all seiner herrschaftsförmigen Deformationen um die Immanenz bejahende Transzendenz. Deren Notwendigkeit ergibt sich auch jenseits des Christentums aus dem Zustand der Welt selbst.

Transzendenz: in der Welt, ohne von der Welt zu sein ...

Natürlich ist es eine gewagte These, dass das Christentum noch um die Immanenz bejahende Transzendenz weiß. Und vielleicht läßt sie sich nicht halten. Aber selbst wenn dem so wäre, ergäben sich daraus drängende Fragen, denen man sich nicht einfach dadurch entledigen kann, dass man das Christentum für einfach nur aus möglicherweise guten Gründen erledigt hält. Ein unvoreingenommener Blick auf seine Geschichte, seine Anliegen und seine Fragen könnte jedenfalls auch auf die möglicherweise unerledigten Fragen der aktuellen Menschheitssituation werfen.

---

37 Jean-Francois Lyotard, Beantwortung der Frage: Was ist postmodern? in: Postmoderne und Dekonstruktion, Stuttgart 1990, 48.

38 Walter Benjamin, Kapitalismus als Religion, a.a.O., 100.

39 Thomas Seibert, Krise und Ereignis, Hamburg 2009, 12.

So sieht es jedenfalls der französische Philosoph Jena-Luc Nancy: „Ich möchte begreifen, wie die Zivilisation, die sich in der gesamten Welt in Gestalt der wissenschaftlichen, juridischen und moralischen Rationalität ausgebreitet hat, zu einer Art von Verschließung [renfermement] sowohl der Vernunft als auch der Welt gelangt, die uns an uns selbst verzweifeln lässt.“[40] Er ist vom grundlegenden Anteil des Christentums an dieser Geschichte und von der Notwendigkeit seiner Dekonstruktion überzeugt, glaubt aber zugleich, dass die Geschichte des Christentums in einer dialektischen Weise so bedeutsam für unsere Gegenwart ist, dass sich eben nur in der Re- und Dekonstruktion seines Weges die Gegenwart erhellen lässt. Nancy zufolge ist das Christentum nicht die Krankheit des Abendlandes[41], von dem uns die Vernunft heilen könne, sondern der Ursprung der humanité, die „Gerechtigkeit in der Brüderlichkeit, die Gleichheit in der Aufteilung der Güter und die Zuneigung für einen jeden und für alle zusammen“.[42]

Das alles habe das Christentum durch seine Vorstellung hervorgebracht, „ … in der Welt zu sein, ohne *von* der Welt zu sein, das heißt, ohne sich damit zufrieden zu geben, der Inhärenz, dem Gegebenen anzuhaften ...“[43] Diese Vorstellung habe die Antike abgelöst und das römische Reich, jene Vorstellung von Globalität, die ihr Jenseits nicht mehr denken konnte, beerbt. Das Christentum hat zugleich die Welt für ihr Diesseits aufgeschlossen und damit Aufklärung und totalen Fortschritt mit ermöglicht, aber zugleich die Schließung der Welt befördert und sie verraten. Es mag für viele eine überraschende Überlegung sein, dass das Christentum nicht einfach das Gegenüber (Jenseits) der Welt an sich ist, sondern auch der Versuch, die Welt ohne ein Jenseits zu denken. Denn die Welt ohne ein Jenseits zu denken, beanspruchen ja in der Regel Aufklärung und Atheismus für sich. Aber sowohl das Dogma der Menschwerdung Gottes als auch das ursprünglich jüdische Bilder-

40 Jean-Luc Nancy, Die Anbetung. Dekonstruktion des Christentums 2, Zürich 2012, 62f.

41 Damit ist nach Nancy keine superiore „Wertegemeinschaft“ gemeint, sondern eher ein „Kulturraum“, der seine globalen Wirkungen und Verheerungen hervorgerufen hat.

42 Jean-Luc Nancy, a.a.O., 42.

43 Ebd., 39.

verbot zeigen eine atheistische Strömung im Christentum an, die aber, so Nancy, nicht die Rettung aus unserer Aporie sind, sondern eben in die Abschließung, in die Immanenz ohne Transzendenz geführt haben: „Das Christentum hat das Thema dieses ungeheuren Bruchs (mit der Antike, M.R.) entwickelt und moduliert und von da aus die innerste Verfassung unserer ‚weltlichen', atheistischen Zivilisation mit ihren grenzenlos zerstreuten Zwecken erzeugt."[44]

Wie also dieser Zivilisation mit ihren grenzenlos zerstreuten Zwecken, ihrer hoffnungslosen Immanenz entkommen? Das ist die Frage, vor der wir stehen. Egal, ob ChristInnen oder nicht, die Forderung Nancys, „ … zu einem Verständnis dafür gelangen, dass die Probleme des Elends und der Ausbeutung, der Gerechtigkeit und der Gleichheit zwangsläufig auf die Frage der ‚Transzendenz' – um ihr brutal diesen Namen zu geben – hinauslaufen", geht uns alle an: Nicht nur die Religionen und insbesondere das Christentum, sondern auch die Politik „ ... muss sagen, ob sie einer solchen fähig ist ..."[45]

Darum ginge es also eigentlich: all die zusammen zu suchen, die diese Sehnsucht und Notwendigkeit nach einer Immanenz bejahenden Transzendenz noch verspüren und sich den Fetischen dieser Welt (Marx!) mit Kopf und Hand verweigern. Die Kritik der Religionen ist die eine Sache, die Religionskritik eine andere.

---

[44] Ebd., 41.

[45] Jean-Luc Nancy, Die Dekonstruktion des Christentums, Regensburg 2008, 13.

Gott.Macht.Sprache

Kuno Füssel/Michael Ramminger

Kurzer Hinweis zum Anlaß und Zeitpunkt der folgenden Überlegungen zum Thema: „Gott.Macht.Sprache"

Im Jahre 2012 haben wir uns in Frankfurt in der konziliaren Versammlung zusammengefunden, um über die Welt, über uns, unsere Zukunft als Gemeinschaft der Nachfolgenden, also über uns als Kirche zu reden. Knapp fünfzig Jahre nach dem II. Vatikanischen Konzil, das für viele von uns Aufbruch war, der noch immer unvollendet, vorläufig und begrenzt ist, haben wir erklärt: „Wir, Christinnen und Christen in Kirchengemeinden und Verbänden, kirchlichen Werken, Basis- und Reformgruppen setzen diesen Weg fort: die Glut des konziliaren Aufbruchsfeuers neu freizulegen und zu entfachen." Wir wollen unserer Tradition treu bleiben, indem wir ihrem Feuer treu bleiben, nicht ihrer Asche, um es mit dem französischen Sozialisten und Pazifisten Jean Jaurés zu sagen. Auf der Fortsetzungstagung vom 17.-19. Oktober 2014 wagten wir einen weiteren Schritt auf diesem Weg der Selbstermächtigung, der Positionsbestimmung, der Richtungssuche und des Ausbruchs aus unserer Sprachlosigkeit. In einer Zeit voller Gewalt in exzessiven Formen, in ihren unerwarteten Eruptionen, ihren kaum vorhersehbaren Konfliktorten, in einer Zeit voller Unterdrückung, aber auch des Widerstands, der Aufbrüche und Rebellionen wagen wir diesen Schritt. Es ist aber auch eine Zeit, in der Papst Franziskus von einer Kirche des Aufbruchs, einer armen Kirche für und mit den Armen spricht und eine harsche Kapitalismuskritik formuliert; weswegen in den Führungsetagen der Institutionen der kapitalistischen Gesellschaften, ihrer Politik und ihren Medien heftig dagegen polemisiert wird, wobei diese Polemik und Blockadehaltung bis in den Vatikan überschwappen. Es ist ein subtiler Kampf um die Zukunft der römisch-katholischen Kirche und der Präsenz einer befreienden und kritischen Religion in der Gesellschaft zu erwarten. Bei all dem wollen wir keine Zuschauer und Zuhörer in dieser Welt und diesen Kirchen bleiben. Ganz im Gegenteil, wir wollen uns positionieren, uns Gehör verschaffen, das Wort ergreifen. Und da sind wir schon mitten in unserem Thema: Was haben wir zu sagen, wie sagen wir es, was können wir noch sagen? „Wer die Sprache beherrscht, der beherrscht auch die Menschen, ihr Denken, ihre Subjektivität, den Alltag, die Hoffnungen und Wünsche.“, so läßt sich eine Grundeinsicht einer immer noch lesenswerten Streitschrift aus dem Jahre 1976 zusammenfassen.[1] Da gibt es noch viel, sogar sehr viel für uns zu tun: „Wer die Schlüsselworte für die großen Sehnsüchte der Zeit besetzen kann, der wird auch dort, wo die alltäglichen Konflikte ausgetragen werden, gehört werden.“, so lautet eine weitere zentrale Botschaft der erwähnten Schrift.[2] Wie und von welchem Gott wir reden können, soll bezogen auf die verschiedenen Orte unserer Leben das Thema sein, das wir als Trias formulieren: Gott, Macht Sprache ...

Mittlerweile schreiben wir das Jahr 2017. Die neuesten Entwicklungen in Politik und Medien haben zu einem ungeahnten Siegeszug der Lüge und der Halbwahrheiten geführt. Das Internet quillt über von gefälschten Meldungen („fake news“ genannt) und die Lüge hat sich die Tarnkappe von sogen. „alternativen Fakten“ aufgesetzt. In diesem Chaos einer vernünftigen Rede von Gott noch Gehör zu verschaffen, könnte einen in die Verzweiflung treiben.

I. Sprache

Sprachtheoretische Vorüberlegungen

Sprache dient der Kommunikation, aber nicht nur, um inhaltliche Aussagen zu transportieren, sondern sie erfüllt vielfältige andere Aufgaben, in ihr werden Befehle erteilt, Wünsche geäußert, Versprechen abgegeben usw. Information, obwohl man uns das glauben machen will, ist weder die älteste noch die typischste, geschweige denn die häufigste

---

1 Iring Fetscher, Horst Eberhard Richter (Hg.), Worte machen keine Politik. Beiträge zu einem Kampf um politische Begriffe, Reinbek b. Hamburg, 1976.

2 Vgl. dort bes. den Beitrag von Hubert Ivo, Der verweigerte Dialog, 20-38.

Verwendungsart der Sprache.[3] Und „… wahrscheinlich hat annähernd die Hälfte aller Wörter, die auf Erden je gesprochen, geschrieen oder gestammelt worden sind, dem Zweck gedient, Gott, die hilfreichen oder zürnenden Götter, die Dämonen, die Geister, den Teufel anzuflehen, zu beschwören oder zu beschwichtigen … Gemessen am Gebrauch, zerfällt die Sprache in die Gebete und den Rest."[4] Das sollte uns misstrauisch und optimistisch zugleich stimmen. Denn es zeigt, dass es richtig und sinnvoll ist, sich mit religiösem Sprachgebrauch zu beschäftigen. Einfach um die Welt und den Menschen zu verstehen, und nicht nur die Welt der Religionen. Letztlich geht es um das Menschsein an sich. Und um seine Welt-Anschauung im Ganzen. Wir fügen Kernsätze zweier bedeutender Denker des 20. Jh. an, von Ludwig Wittgenstein und Walter Benjamin:

„Die Grenzen meiner Sprache bedeuten die Grenzen meiner Welt."[5]

„Weil das geistige Wesen des Menschen aber die Sprache selbst ist. Darum kann er auch sich nicht durch die Sprache, sondern nur in ihr mitteilen."[6]

Daher ist es nur um den Preis des Todes möglich, aus der Sprache auszusteigen, denn auch das Schweigen des lebendigen Menschen ist nur ein Hinweis auf das Anhalten oder die Abwesenheit von Sprache als der Mitte seines Seins.

Die Eigenart des religiösen Sprachgebrauchs

Ohne in die genauere Unterscheidung und Bestimmung einzutreten, möchten wir hier einige Kriterien und Bestimmungen des religiösen Sprachgebrauchs auflisten:

---

[3] Wolf Schneider, Wörter machen Leute, München 2013 (18. Aufl.), 13.

[4] Wolf Schneider, a.a.O. 93-95.

[5] Ludwig Wittgenstein, Tractatus logico-philosophicus, Frankfurt a. Main 1963, 89.

[6] Walter Benjamin, Über Sprache überhaupt und über die Sprache des Menschen, in: Sprache und Geschichte. Philosophische Essays, ausgewählt von Rolf Tiedemann, Stuttgart (Reclam) 1992, 34.

1. Religiöser Sprachgebrauch verpflichtet in einer besonderen Form den Sprecher und schließt sein Selbst konstitutiv (d.h. als sinngebendes Subjekt) in die Äußerung mit ein. So sagt Paulus: „Als ich zu euch kam, Brüder (und Schwestern), kam ich nicht, um glänzende Reden oder gelehrte Weisheit vorzutragen, sondern um euch das Zeugnis Gottes zu verkündigen." (vgl. 1 Kor. 2,1-5) [7]
2. Dem entspricht als grundlegender religiöser Sprechakt das bekennende Reden, welches das religiöse Reden so nachhaltig prägt, dass es oft als der religiöse Redetyp schlechthin angesehen wird. Zu dieser Auffassung kann man auch deswegen leicht gelangen, weil z.B. die christliche Religion ihr wesentliches Glaubensgut in Gestalt eines Glaubensbekenntnisses vorlegt, weil man mit einem Bekenntnis in die Glaubensgemeinschaft eintritt, weil man seine Sünden bekennen und nicht nur mitteilen muss usw.
3. Religiöser Sprachgebrauch ist in besonderer Weise hörer/hörerinnenbezogen und schließt ihn und sie als potentiell sinngebendes und aktuell sinnvernehmendes Subjekt mit ein. Die Hörer sollen nicht nur verstehen, sondern sich angesprochen wissen, sie sollen auch überzeugt oder für den Glauben gewonnen werden, sie sollen bekehrt und neue Menschen werden (vgl. 1 Kor. 1,26-31).
4. Dem entspricht das emphatisch/evokative Reden. Der Sprechakt ist total auf die Wirkung beim Hörer eingestellt und daher noch stärker situationsgebunden als das Bekenntnis, das ja in den Religionen an rituell erzeugte oder wiederholbare Situationen wie in der Liturgie gebunden ist.
5. Religiöser Sprachgebrauch redet in einer besonderen, nicht weiter um methodische Vergewisserung besorgten, weil aus voller Überzeugung kommenden Weise: von Gott als dem religiösen Bezugshorizont schlechthin, von den zentralen Einsichten des Glaubens, von der Welt und dem Leben im Lichte der besonderen Perspektive des Vor-Gott-Stehens (vgl. 1 Kor. 3,15-16).

---

[7] Im folgenden beziehen wir uns auf den ersten Brief des Paulus an die Gemeinde in Korinth als Referenztext. Es gäbe geeignete Alternativen, aber dieser Brief ist gerade wegen unserer Themen-Trias besonders geeignet.

Das alles heißt nicht, dass religiöse Sprachverwendung auf beschreibende Sätze verzichten kann, an die sie anknüpfen muss, um den von ihr betonten, über bloße Faktenfeststellung und Beobachtung hinausführenden Überschuss an Erfahrung und Deuteleistung, kurz ihre wirklichkeitsentdeckende und -erweckende Kraft, zu artikulieren und angemessen zur Geltung zu bringen. Nur indem sich der religiöse Sprachgebrauch auf die vorhandene Wirklichkeit bezieht, sich voll auf sie einlässt, vermag er Aussagen über die Wirklichkeit zu machen, die diese sprengen, die über sie hinausführen, die sprachlich zumindest anzeigen, was es heißt, dass man Wirklichkeit mehr sein lässt als bloße Wirklichkeit, wobei der ausgezeichnete Ort für dieses „Mehr-als" zunächst die Sprache selber ist.

Indem im religiösen Sprachgebrauch dies getan wird, wird gleichzeitig effektiv dagegen protestiert, die Leistungsfähigkeit der Sprache auf bloße Beschreibung zurückzuschneiden und das Sein überhaupt mit der gegenwärtigen Wirklichkeit zusammenfallen zu lassen. Indem betont wird, dass mehr möglich als wirklich ist, werden der Wirklichkeit neue Möglichkeitsdimensionen erschlossen. Die Möglichkeit ist die Kategorie, die die Zeitlichkeit der Wirklichkeit festhält, die darauf aufmerksam macht, dass das, was gegenwärtig ist, nicht alles ist, und dass es deshalb veränderbar ist.

Nun genügt es aber nicht, auf einem „Mehr-als-Beobachtbaren" zu insistieren, ohne auch gleichzeitig angeben zu können, worin der Überschuss besteht, warum er gerade ein Überschuss an der Wirklichkeit ist, warum und wieso gerade die Überbietung etwas zu tun hat mit dem, gegenüber dem sie das Mehr seiner Selbst im Sinne einer größeren Seinsfülle, des wahren Wesens der Vollendung, sichtbar machen will. Denn auch die Lüge oder die Illusion, das falsche Bewusstsein und die Halluzination drücken mehr aus als das, was wirklich ist, sind aber wohl das strikte Gegenteil von dem, was hier gemeint ist.

Die wirklichkeitsüberbietende Kraft des religiösen Sprachgebrauchs in der christlichen Tradition

Damit ändert sich auch der Horizont, in dem die Weltwirklichkeit für den religiösen Menschen erscheint. Die wirklichkeitsüberbietende Kraft des religiösen Sprachgebrauchs erweist sich für den Gläubigen als *wirklichkeitserschaffende* Kraft. Neue Wirklichkeit ist nicht eine Scheinwelt, sondern eine größere und radikalere Auslotung der Möglichkeit von Sein, Dasein, Realität.

Es sei hier das Missverständnis ausdrücklich zurückgewiesen, dass mit der hier und im folgenden betonten wirklichkeitsüberbietenden Kraft der religiösen Rede ein bloß utopischer Vorgriff auf eine bessere Welt oder eine abstrakte, ontologisch orientierte Reflexion auf das absolute Sein im ganzen gegenüber aller kontingenten Wirklichkeit im einzelnen oder eine fromme Vertröstung auf den Himmel im Stil einer Vollendungsideologie gemeint sei.

In der messianischen Tradition, missverständlich Christentum genannt, geht es um die gesellschaftskritische Kraft der Jesus-Erinnerung, um Sehnsucht nach universaler Gerechtigkeit für Lebende und Tote, um Hoffnung auf vorbehaltlose Liebe, um Empörung über die bestehenden Verhältnisse, um begründeten Veränderungswillen, um die Kraft zur Revolution und die dazu gehörende Leidensbereitschaft (N.B.: Wer Jesus nachfolgen will, muss sein Kreuz auf sich nehmen, was immer das genauer heißen mag, vgl. Mt 16,24), um die nicht abgedeckten Verheißungen und einer humanen Zukunft für alle willen.

Dass es sich dabei nicht um unkontrollierte Gefühle oder ebenso chaotische wie ohnmachtsentsprungene Projektionen handelt, dafür garantiert eben gerade die kognitive Bedeutung des Glaubens an Jesus den Messias und an seine Botschaft vom Reiche Gottes, an den eschatologischen Sinn der Rede von seiner Auferweckung, aus dem sich seit dem Neuen Testament der Wahrheitsanspruch der theologischen Reflexion ebenso wie die Widerstandskraft der Glaubenspraxis explizit herleiten.

Der religiöse Sprachgebrauch artikuliert dieses Mehr an interpretativem Überschuss über die facta bruta durch Wendungen wie „die Welt als Schöpfung Gottes", „Jesus als Gottes Sohn", „Jesus Christus als Herr", „der Mensch als Sünder" usw., so dass die vorliegenden tatsächlichen Objekte, Ereignisse und Erfahrungen im Lichte des Lebens, des Todes und der Auferstehung Jesu Christi „als etwas" gedeutet und damit mit einer neuen Bedeutung ausgestattet werden.

Die Beschreibung einer Erfahrung als einer „Erfahrung-als" ist somit konstitutiv für den religiösen Sprachgebrauch. Sie benutzt die über-empirische Aussage, um eine nicht-empirische Tatsache in Beziehung zu einer empirischen Tatsache zu behaupten.

II. Macht

Sprache übt Macht über uns aus, Wörter nehmen uns gefangen, insofern sich in ihnen frühere Handlungen und die Intentionen der Sprecher abgelagert haben. Worte machen keine Politik, doch mit ihnen kann man Politik machen. In der Sprache und mit der Sprache als Sprechhandlung üben auch wir Macht aus, Macht über die anderen, die wir unseren Zielen unterwerfen oder von etwas überzeugen oder schlicht und ergreifend manipulieren wollen. Sprache schafft den Horizont dessen, was geglaubt wird, dessen, was wir zu hoffen wagen und was wir zu wissen meinen, sie schafft Wirklichkeit.

Am Beispiel des religiösen Sprachgebrauchs haben wir gesehen, dass a) religiöser Sprachgebrauch in besonderer Weise Hörer/Hörerinnenbezogen ist und ihn und sie als grundsätzlich sinngebende und aktuell sinnvernehmende Subjekte mit einschließt. Die Hörer sollen nicht nur verstehen, sondern sich angesprochen wissen, sie sollen auch überzeugt oder für den Glauben gewonnen werden und b) verdeutlichen, dass man Wirklichkeit mehr sein lässt als bloße Wirklichkeit, dass ein neuer Horizont eröffnet wird. Und hier sind wir mitten in einem der großen Systeme religiöser Sprachsysteme, das sich als solches nicht zu erkennen gibt und dessen Ziel gerade nicht die Überbietung der Wirklichkeit in unserem Sinne ist, sondern vielmehr die Verdoppelung des Bestehenden: der Werbung.

Werbung

Der Sprachphilosoph Schneider[8] ordnet die Werbung der Gattung der Propaganda zu: „Eine Stuyvesant-Generation existiert ebensowenig wie Marlboro-Country (…) Wiederum gibt es keine Besonderheit der Werbesprache, Menschen mit Wörtern zu beeindrucken, die Nichtvorhandenes bezeichnen: Manche Religion und ein großer Teil der Propaganda lebt davon … ."[9] Und genau wie die religiöse Sprache arbeitet die Werbung nicht nur mit Wörtern, sondern mit Gesten, Symbolen, Bildern, Rythmen und Melodien. Die großen religiösen Institutionen haben, was immer man davon halten mag, in unserer Gesellschaft an Bedeutung verloren. Aber ihr Platz bleibt nicht leer, sondern nun sind es andere Institutionen, die sich ihrer Sprache bedienen und damit Wirklichkeit und Sozialität schaffen. Sie lassen sich nicht gerne dazu befragen, was denn ihr Überschuss über die bruta facta ist, welches genau ihr Angebot einer Hoffnung für alle ist. Denn Werbung hat nur ein Ziel: zu verkaufen und Kundenbindung, oder sollten wir sagen: Gemeindebildung?

Die Ordnung der Dinge

Sprache hat auch die Funktion, die sichtbare Welt auf Begriffe zu bringen, sie für uns fassbar zu machen, damit wir uns in ihr sicher bewegen können. Aber welcher Art sind die Begriffe und Begriffssysteme? „Ein Wald", so nochmals Schneider, ist laut UNO jene Fläche mit Bäumen, deren Wipfel mindestens 5% der Fläche bedecken".[10] Für die einen ist dies ein Wald, für die anderen eine Savanna. Und für wieder andere ist Wald Ort der Frische, der Dunkelheit oder der Ruhe. Ist eine Arbeitslose eine Kundin oder ein bedürftiger Mensch und ist Zufriedenheit Kundenzufriedenheit? Gibt es Klassen oder Milieus, mache ich meine Arbeit gut oder professionell? Jede Ordnung der Dinge ist *eine* Ordnung. Aber ist sie auch unsere?

8 Wolf Schneider, Wörter machen Leute, a.a.O., 52.

9 Ebd., 153.

10 Ebd., 163.

Die Ordnung der Dinge soll auch durch Informationen hergestellt werden. Aber nach allem, was wir jetzt wissen, müssen wir misstrauisch sein, welche Ordnung damit gemeint ist. Unter dem Vorwand, mir durch Informationen Ordnung in meine Welt zu bringen, verbirgt sich oft genug die Verwirrung und Unordnung: „Die Geschwätzigkeit der Informationen hat (…) auch die Funktion, zu verwirren. In einem Land, in dem jeder an alle möglichen Informationen herankommen kann, sagen Menschen, wenn sie zu sozialen Problemen wie Arbeitslosigkeit oder Altersarmut Stellung beziehen sollen: ‚Ich kann mich nicht entscheiden, die Informationen sind so unterschiedlich.'"[11] In letzter Instanz sind sie sogar das wichtigste Instrument einer kapitalistischen Verdummungspolitik.

„Die Worte tun dem Verstand Gewalt an", schrieb Francis Bacon, ein Wegbereiter der modernen Ideologiekritik im Jahre 1620.[12] Wir tun gut daran, diesen Worten von Bacon zunächst einmal zu glauben. Greifen wir dabei noch einmal auf L. Wittgenstein und W. Benjamin zurück.

L. Wittgenstein hat mit seinen vor mittlerweile fast hundert Jahre zurückliegenden Erkenntnissen die Grundlagen dafür gelegt, was in den modernen Kommunikations- und Kognitionswissenschaften zu den Standards gehört: Die Macht der Sprache wirkt durchgreifend. Die Wortwahl bestimmt unsere Wahrnehmung, organisiert unsere Denkmuster, neuerdings „frames" genannt, und prägt dadurch unser gesamtes Verhalten.

Auch die Einsichten von W. Benjamin gewinnen immer mehr eine aktuelle Brisanz. Wir leben die Sprache, die wir verwenden, weil wir sie sind. Die Wortwahl ist daher keine Wortwahl mehr. Das hat unheimliche Folgen. Wir haben uns festgelegt. Ein befreites Leben gelingt nur durch die Befreiung unserer Sprache aus dem Gefängnis einer irreführenden Begrifflichkeit. Die aktuellen Diskussionen liefern dazu massenhaft Belege. Erinnert sei nur an die unsäglichen Begriffsbildungen und

[11] Norbert Bolz, David Bosshart, Kultmarketing. Die neuen Götter des Marktes, Düsseldorf 1995.

[12] Francis Bacon, „Novum Organum" (Teil I, 43).

Metaphern bei der Diskussion über das Phänomen der Massenflucht der Menschen aus Todesgebieten, wobei das Wort „Obergrenze“ die „Untergrenze“ der Humanität bildet.

III. Gott

Kehren wir zurück zu unseren eigenen Worten: Wer oder was ist Gott? Zunächst ist Gott ein Wort unserer Sprache, ein Sprachzeichen. Es kommt vor im System der religiösen Sprache, aber auch in der Alltagswelt. Aber wie kann man heute verständlich von Gott reden? Wir wollen über die verantwortete Rede von Gott, also über die „theologische“ Rede von Gott und die Rede von Gott in Mystik und Poesie sprechen.

Die Rede von Gott in der systematischen Theologie

Die Diskussion der Gottesfrage kann seit der Aufklärung nicht mehr der berühmten Theodizeefrage: „Wie kann ein gütiger Gott zulassen, dass ein unschuldiger Mensch leidet?“ ausweichen, ohne jede Glaubwürdigkeit zu verlieren. Vielleicht gibt es auf diese Frage keine Antwort, auch dann nicht, wenn wir Gott als Ursache des Leidens ausschließen könnten oder annehmen, dass er mit uns leidet. Viele Atheisten folgern denn auch die Nichtexistenz Gottes aus dem heillosen Zustand der Welt und den unendlichen Verbrechen in der menschlichen Geschichte.

Doch wie immer wir uns drehen und wenden, wir kommen offensichtlich an dem Problem nicht vorbei, wie wir die Gegenwart Gottes in unserer Welt zu denken vermögen, denn wenn er nicht mit uns, unserem Leben und unserer Welt zu tun hat, dann läuft dies am Ende auf dasselbe hinaus, wie wenn es ihn überhaupt nicht gibt.

Gott ist nicht etwas neben anderem, er ist weder ein Bestandteil der Welt, noch ihr bloßes Gegenüber. Es gibt also nicht „Gott und die Welt“ wie ein geläufiges Wort es nahe legt. Wenn ein Naturwissenschaftler mit seinen Experimenten Gott nicht entdecken kann, und ihn auch als letzten Schlussstein seines Theoriegebäudes nicht benötigt, dann braucht ein gläubiger Mensch deswegen keineswegs entsetzt zu sein. Gott ist keine Hilfskonstruktion zur Beantwortung ungeklärter Grundfragen, er ist kein Lückenbüßer für Theorielöcher. In diesem Sinne ist es richtig, wenn wir sagen, dass die Methoden der Naturwissenschaft a-theistisch sind. Aber auch die Naturwissenschaften müssen klären, welche Definition von Wirklichkeit sie akzeptieren wollen.

Was ist wirklich? Gibt es die Dinge, die wir sehen, über die wir sprechen, deren Zusammenhänge wir naturwissenschaftlich zu erklären versuchen, wirklich, dass heißt außerhalb unseres Bewusstseins und unserer Erkenntnis? Gibt es in diesem Sinne überhaupt Atome, Elementarteilchen, dunkle Materie, schwarze Löcher und was immer in der modernen Physik und Astrophysik diskutiert wird?

Sind diese Gegenstände unserer Erkenntnis nicht immer auch Produkte unseres Erkenntnisstandes, denn auch die Methoden und Apparaturen mit denen wir überprüfen, ob es zum Beispiel in einem Spiralnebel eine Fluchtbewegung gibt, sind ein Produkt der Technik, die auf unseren Erkenntnissen beruht.[13]

Wir wissen prinzipiell nicht, was hinter dem Horizont unserer momentanen Erkenntnisfähigkeit liegt, denn wir können es uns nicht vorstellen, genauso wenig wie wir uns die mehrdimensionalen Räume der Mathematik vorstellen können. Es gibt kein noch so raffiniert konstruiertes Koordinatensystem, in dem man Gott einen Ort anweisen könnte. Man kann seinen Ort nur immer indirekt benennen. Aber wie können wir uns ihm dann in unserem Denken nähern, um von ihm sprechen zu können?

Karl Rahner formuliert es so und wir muten unsern Lesern und Leserinnen ein längeres, aber entscheidendes Zitat zu:

> *<Gott> sagen wir und meinen das Ganze, aber nicht als nachträgliche Summe der Phänomene, die wir untersuchen, sondern das Ganze in seinem unverfügbaren Ursprung und Grund, der unumfaßlich, unumgreiflich, unsagbar hinter, vor und über jenem ganzen liegt, zu dem wir selbst und auch unser experimentierendes Erkennen gehören.*

[13] Vgl. Spektrum der Wissenschaft, Heft 9, 2010.

> *...Gott meint das schweigende Geheimnis, absolut, unbedingt und unbegreiflich, Gott meint den Horizont in unendlicher Ferne, auf den (...) das Begreifen der vereinzelten Wirklichkeiten, ihrer Zwischenbeziehungen und der handelnde Umgang mit ihnen (...) immer schon ausgerichtet sind. (...) Aber Gott ist dennoch da, nicht hier oder dort, sondern überall (...) dort, wo der Grund des Ganzen uns schweigend anblickt, wo die unentrinnbaren (...) Situationen der Verantwortung uns anrufen, wo die unbelohnte Treue ihr Werk tut, wo die Liebe sich als sinnvoll erfährt, wo der Tod gewusst und gelassen in die Mitte des Daseins eingelassen wird (...) Immer ist der Mensch in solchen verschiedenen Weisen seines Daseins schon weiter als nur bei dem, was exakt bestimmt, abgegrenzt und unterschieden wird.*[14]

Dieses Immer-schon-hinaus-Sein über alles Bestimmbare hat in unserer Sprache einen ganz kleinen Ort durch ein Wort mit vier Buchstaben gefunden, durch das Wort „Gott". Dieses Wort darf nicht einfach getilgt werden, spurlos und ohne Rest, denn dann hätte der Mensch das Ganze und seinen Grund vergessen und zugleich vergessen, warum er um seines Menschseins willen die Frage nach dem absoluten Geheimnis von Dasein und Welt in Freiheit aushalten muss.

Wer vielleicht die nüchterne Exaktheit mathematischer Gleichungen als den höchsten Ausdruck des menschlichen Denkvermögens ansieht, der wird solche Äußerungen möglicherweise abtun als sentimentales Gerede, als mystisches Gewölk oder bestenfalls als schwermütige Dichtung. Aber auch dies wäre die bewusste Entscheidung eines denkenden Menschen gegen eine bestimmte andere Form des Denkens. Eine solche Entscheidung darf man niemandem verübeln, wenn sie mit klarem Verstand und nicht nur angeleitet von verständlicher Wut über die Geschichte der kirchlichen Fehlentwicklungen und den Ausbrüchen von Gewalt im Namen Gottes in den Weltreligionen gefällt wird. Nur möchten wir diesen Menschen dann daran erinnern, dass auch die moderne Naturwissenschaft nicht auskommt ohne Gleichnisse und Metaphern, wenn sie sich verständlich machen will. Oder was ist die Wortbildung „Urknall" (im Englischen ursprünglich pejorativ als „Big Bang"

[14] Karl Rahner, Gott ist keine naturwissenschaftliche Formel, in: ders., Gnade als Freiheit, Freiburg 1968, 19-21.

bezeichnet) anderes als eine bildhafte Redeweise voller Widersprüche? Denn am Anfang von Raum und Zeit gab es nichts, was eine physikalische Möglichkeit für einen „Knall" geliefert hätte.

Die Rede von Gott in Mystik und Poesie

Wozu braucht die christliche und auch theologische Rede von Gott die Poesie? Oder sollte sie sogar selbst sich einer poetischen Sprache bedienen, so wie es ja die jüdischen Psalmen in einer mustergültigen Weise vorgemacht haben?

Es gibt vielfältige Berührungen zwischen Poesie und Gottesrede in der Geschichte, denken wir nur an den berühmten Sonnengesang des Franziskus von Assisi. Es geht uns hier jedoch nicht um diesen allgemeinen Bezug, sondern um die Verwendung von Metaphern im religiösen Sprachgebrauch und innerhalb dessen noch einmal um die besondere Verletzbarkeit der Gottesrede, die sich der Verwundbarkeit durch die geschichtlichen Erfahrungen und dem Bedrängtwerden durch das Unsagbare aussetzten muss, wenn sie in der Welt von heute sprach- und handlungsfähig bleiben will, worauf vor allem Michel de Certeau unermüdlich hingewiesen hat: „So wird, auf tausenderlei Weisen, (…) das Aussagbare unablässig von etwas Unsagbarem verletzt."[15] Aber genau diese Verletzbarkeit kann auch zum Ursprungsort von Innovation und Kreativität, zur Grenzüberschreitung und zum Übertritt in Neuland werden. Und hier liegen die hilfreichen Möglichkeiten der Metapher.[16]

Metapher

Die Metapher ist eine sprachliche Glanzleistung: „Zum einen schmückt die Metapher die Sprache durch bildhafte Vergleiche, von Jean Paul Sprechblumen genannt. Zum zweiten verleiht sie konkreten Wörtern zusätzlich eine übertragene, meist abstrakte Bedeutung – und diese

---

15 Michel de Certeau, Mystische Fabel, Berlin 2010, 123, zit. bei Hildegund Keul.

16 Wir haben gute Anregungen durch den Beitrag von Hildegund Keul, „Doch mit Gott ist man nie fertig", in:ThPQ H.1, 2014, 22-30 erhalten, der sich mit unserer eigenen Rezeption von Michel de Certeau in vielem trifft.

zweite, die viel weniger beredete Funktion der Metapher, der *Bedeutungssprung*, ist ihre eigentliche Leistung. (…) Der Bedeutungssprung ist der größte Fortschritt, den die Sprache gemacht hat. Das Herauslocken neuer Inhalte aus alten Wörtern war die typische, oft die einzig mögliche Art, unvermutete Entdeckungen und Begegnungen sprachlich zu bewältigen, Ahnungen zu Gedanken zu verdichten, Stimmungen, Vorstellungen und Utopien ins Wort zu heben.“[17]

Wer ist nicht entzückt von all jenen zugespitzten Metaphern, die man Oxymoron nennt, wie bittere Süße, stilles Geschrei, beredtes Schweigen, entfernte Nähe, die gerade auch der poetischen Dimension der Theologie von Dorothee Sölle ihren unnachahmlichen Reiz verleihen. Poetisch wird aber die Theologie nicht dadurch, dass die Theologen Gedichte zitieren, sondern dadurch, dass sie selbst kühne *Überschreitungen* wagen. Das Spiel mit der Spannung von Ähnlichkeit und Differenz erweitert den Bereich des Sagbaren in Richtung auf das Unsagbare, das Wirklichkeitsüberbietende hin. Erinnert sei an die kaum auslotbare Übersetzung Martin Bubers der Stelle in 1 Kg 19,12, wo Elia die Nähe Gottes vernahm wie „eine Stimme verschwebenden Schweigens“. Die Einheitsübersetzung spricht von einem „sanften, leisen Säuseln“, womit nicht gerade hohe Poesie ins Werk gesetzt wird.

Dass aber auch in der traditionellen systematischen Theologie wie z.B. in der Christologie riskante Grenzüberschreitungen stattfinden, belegt die Glaubensaussage von der Menschwerdung Gottes in Jesus Christus. Eine größere Grenzüberschreitung ist nicht denkbar: Gott der Schöpfer der Welt und ihr absolutes Gegenüber nimmt einen Ort in der Welt und ihrer Geschichte ein.

Vielleicht können wir das Bekenntnis „Und das Wort ist Fleisch geworden und hat unter uns gewohnt“ besser verkraften, wenn wir darin eine poetische Glanzleistung erblicken, statt eine etwas verquere Metaphysik zu unterstellen. In Christus wird Gott selbst verletzbar und zeigt sich so mit dem Menschen solidarisch. Ist das heute nicht mehr vermittelbar? Einen Versuch wäre es wert, auch wenn wir uns dabei als Glau-

[17] Wolf Schneider, a.a.O., 49 u. 51.

benszeugen verletzlich machen. M. de Certeau nennt dies „Glaubens-Schwachheit“.

IV. Konsequenzen, Perspektiven und offene Fragen

Drei große Herausforderungen sind es, vor denen wir stehen:

a) eine durch die Postmoderne inszenierte Beliebigkeit und Vergleichgültigung, an deren Ende die Verabschiedung der Wahrheitsfrage steht, womit bis in die tägliche Berichterstattung der Medien aber auch die Lüge unsichtbar gemacht wird;
b) eine Kommunikationsinflation, die die Mitteilung bedeutsamer Inhalte immer unmöglicher macht und so die Kommunikation um ihren Sinn bringt;
c) die massenmediale Ersetzung von Sprachzeichen durch Bilder, der sog. „Iconic-Turn“, wodurch unser Sprachvermögen nicht nur reduziert, sondern langfristig nachhaltig beschädigt wird.[18]

Die von der Informationsindustrie durchgeführte Ersetzung von Sprache durch Bilder und Bild-Zeichen steht nicht nur in einem offensichtlichen Kontrast zum traditionellen Bilderverbot der Thora, sondern auch zu der sprachschöpferischen Kraft der sogenannten „inneren Bilder“ und Visionen, die aber dem geistigen Auge nur sichtbar gemacht werden können, wenn Sprache selbst wieder in Bildern, Metaphern und Analogien uns anspricht, eine Dialektik, die uns in der Johannes-Apokalypse exemplarisch vorgeführt wird. Die digitale Technik und durch sie ermöglichte interaktive Kommunikation soll hier nicht kulturpessimistisch verteufelt werden. Wir möchten nur darauf hinweisen, dass gerade in den religiösen Traditionen wie die von Judentum, Christentum und Islam Informationen weitergegeben werden, die einen unauflösbaren sprachlichen Kern haben und daher sprachlich bleiben müssen. Die Rede von der Auferstehung der Toten lässt sich nicht in ein Auferstehungsvideo übersetzen, bestenfalls in Bilder, die uns anleiten, die Grenzen des Vorstellbaren zu überschreiten.

---

18 Vgl. Klaus Müller, Neue Medien, ThPQ 1, 2014, 31-39.

Die Erneuerung der religiösen Sprache kann nicht darin bestehen, dass Althergebrachtes schöner oder moderner formuliert und damit dann dem gängigen Sprachgebrauch angepasst wird. Bei solchen Versuchen wird oft die traditionelle Ausdrucksweise in einen fast schon peinlich berührenden „Neusprech“ verwandelt, wie zum Beispiel in der Art dieser „Vater Unser“-Aktualisierung: „Dankbar für das, was uns täglich zuteil wird, wollen wir bereit sein, davon abzugeben. Unsere Schuld möge uns nicht belasten, sondern vergeben sein“[19] oder es kommt zu sprachlichen Verrenkungen wie bei dem bekannten Beispiel aus Heinrich Bölls „Dr. Murkes gesammeltes Schweigen“, wo das Wort Gott durch „jenes höhere Wesen, das wir verehren“ ersetzt wird.

Die Erneuerung kann auch nicht darin bestehen, dass alte Begriffe wie z.B. Buße einfach aufgegeben werden, weil sie als überholt gelten, denn die damit geschaffene Leerstelle würde sicherlich nicht adäquat gefüllt und wohl auch nicht als Platzhalter einer noch zu entdeckenden Neuschöpfung fungieren. Im Gegenteil, solche Leerstellen werden heute sofort von jenen Herrschafts-Sprachsystemen besetzt, die wir oben beschrieben haben: Freiheit wird doch heute eher mit Jever-Bier, das Ende von Hunger mit dem lichten Monsantogrün und „we feed the world“ verbunden und bei Geborgenheit leuchtet das rote Sparschwein der Sparkasse in uns auf.

Auch sprachliche Anpassungsleistungen an bestimmte Milieus, wie sie z.B. von den Sinusstudien abgeleitet werden, werden uns nicht weiterhelfen. Denn es ist nicht klar, ob es eine adäquate Übersetzung der biblischen Botschaft in milieuspezifische Sprechweisen überhaupt geben kann, selbst wenn vorhandene Verstehensbarrieren erfolgreich überwunden werden können. Oft divergieren die Anliegen der biblischen Botschaft und die Interessen und Orientierungen bestimmter Milieus so stark, dass eine Annäherung von vorneherein fast ausgeschlossen ist. Wie soll ich der Klasse der Superreichen vermitteln, dass man nur Gott dienen kann oder dem Mammon?

---

[19] Beisp. aus Publik Forum 8/2014 26-29, Hans Martin Barth.

Was aber kann dann überhaupt noch in „Zeiten wie diesen" (Bruno Kreisky) im christlichen Sinne eine gute Nachricht sein, wenn sie weder eine Ansammlung frommer Sprüche, noch reine Wiederholung ewiger Wahrheiten oder Anpassung an vorherrschende Sprachspiele sein darf? Ist vielleicht das Aufspüren kreativer Metaphern eine mögliche Lösung, wodurch ein neuer und überraschender Blick auf die Realitäten dieser Welt eröffnet und die wirklichkeitserschließende Kraft des religiösen Sprachgebrauchs unter Beweis gestellt würde?[20] Eine frohe Botschaft heute müsste auf jeden Fall mindestens folgenden Kriterien genügen:

a) Sie muss wahr sein!
b) Sie muss aufregende Einsichten und Bilder enthalten.
c) Sie muss den Armen und Unterdrückten Trost spenden und eine Zukunftsperspektive eröffnen.
d) Sie muss von Erfahrung oder Praxis gedeckt sein
e) Sie muss die Botschaft des Messias Jesus glaubwürdig, befreiend und faszinierend verkünden.

Die Liste kann sicher ergänzend und vertiefend fortgesetzt werden. Eins allerdings sollten wir uns vor allem eingestehen: Wir brauchen keine neue Sprache, wenn wir nichts zu sagen haben und wir haben nichts zu sagen, wenn wir keine Erfahrungen weiterzugeben haben, die auch für andere hilfreich sind.

Zum Abschluss

Wir haben bei einem Medienfachmann der Gegenwart, wo wir es nicht vermutet hätten, eine eindrucksvolle Ermutigung zur Verbreitung guter Nachrichten gefunden, bei dem berühmten und die Öffentlichkeit immer wieder aufregenden Werbefotografen Oliviero Toscani von Benetton. Wer erinnert sich nicht auch heute noch an seine Kampagne für die „Jesus-Jeans", an seine Fotos von sterbenden Aids-Kranken oder eines blutdurchtränkten Soldatenhemds mit Einschussloch, die gerade

[20] Vgl. den Beitrag von Hildegund Keul, ThPQ, 22-30.

uns Linke zu erregten Debatten animierten? In seinem schönen und intelligenten Buch: „Die Werbung ist ein lächelndes Aas" schreibt er:

> *Die Jesus-Geschichte beschönigte weder die Leiden noch die Gewalt in der Welt. Sie machte keine Konzessionen an das Sicherheitsbedürfnis ihres Publikums. Sie lancierte die erste große organisierte Kampagne der Geschichte, und dabei wurde eben nicht auf sofortigen Gewinn abgezielt, und es wurden auch nicht die Qualitäten des Produktes direkt angepriesen: das Reich Gottes…. (Diese Kampagne) erzählt uns von der Erlösung und der ewigen Glückseligkeit und verheißt uns dies durch einen gekreuzigten Mann im blutigen Lendentuch, nicht durch Claudia Schiffer im Chanel-Höschen. Und diese Kampagne ist seit zweitausend Jahren Teil der kollektiven Vorstellungswelt.* [21]

Warum sollten wir diese Kampagne nicht mit neuem Mut, Eifer und Kreativität weiterführen? Dies wünschen wir uns jedenfalls für die kommenden workshops: Das wir den Mut finden, jene riskanten Überschreitungen in Wort und Tat zu wagen, die unsere Traditionen durchziehen, und die immer noch uneingelöst sind. Wer, wenn nicht wir?

---

[21] Oliviero Toscani, Die Werbung ist ein lächelndes Aas, Frankfurt 1997, 131f.

Zu den Autoren:

***Urs Eigenmann** (geb. 1946),* Philosophie- und Theologiestudium in Luzern, Münster (Westf.), Freiburg/Schweiz, em. Pfarrer und Lehrbeauftragter an der Universität Luzern. *Veröffentlichungen u.a.: Kurzformel des Glaubens. Freiburg i.Ue. 1978; Politische Praxis des Glaubens: Dom Hélder Câmaras Weg zum Anwalt der Armen und seine Reden an die Reichen.* Freiburg i.Ue./Münster i.W. 1984; *Am Rand die Mitte suchen: unterwegs zu einer diakonischen Gemeindekirche der Basis,* Freiburg i.Ue. 1990; *Unterwegs beheimatet. Caminopoetische und andere Texte,* Luzern 2010*; Dom Helder Camara. Briefe aus dem Konzil. Nachtwachen im Kampf um das Zweite Vatikanum*, Urs Eigenmann (Hg.), Luzern 2016.

Kuno Füssel (geb. 1941), Theologe und Mathematiker. Von 1967-1971 Mitarbeiter von Karl Rahner und bis 1982 Assistent von Johann Baptist Metz. Mitglied bei den „Christen für den Sozialismus". Berufsverbot, später Lehrer, heute Mitarbeiter im Institut für Theologie und Politik. Veröffentlichungen u.a.: *Zeichen und Strukturen*, Münster 1983; *Im Zeichen des Monstrums: Zur Staatskritik der Johannes-Apokalypse*, Luzern 1986; *Der verschwundene Körper: Neuzugänge zum Markusevangelium,* Luzern 2001, gem. m. Eva Füssel; *Was verdrängt, aber nicht ausgelöscht werden kann. Diskussion über das Schicksal der Großen Erzählung*, gem. mit Dick Boer u. Kuno Füssel, Münster 2014.

Franz J. Hinkelammert (geb. 1931), Theologe und Ökonom. 1971-1973 Berater der Unidad Popular in Chile. 1976 Mitbegründer des befreiungstheologischen Instituts *Departamiento Ecumenico de Investigaciones* in Costa Rica. 2006 Preisträger des venezuelanischen Preises „Premio Libertador". Veröffentlichungen auf deutsch u.a.: *Die ideologischen Waffen des Todes. Zur Metaphysik des Kapitalismus,* Münster 1985; *Kritik der utopischen Vernunft. Eine Auseinandersetzung mit den Hauptströmungen der modernen Gesellschaftstheorie,* Luzern 1994; *Der Schrei des Subjekts. Vom Welttheater des Johannesevangeliums zu den Hundejahren der Globalisierung*,

Münster/Luzern 2001; *Befreiung denken. Grenzgänge zwischen Kontinenten und Wissenschaften.* Bearbeitet und herausgegeben von Norbert Arntz, Münster/Luzern 2011; *Der Fluch, der auf dem Gesetz lastet. Paulus von Tarsus und das kritische Denken,* Luzern 2011.

Michael Ramminger (geb. 1960), Theologe. Mitarbeiter von Johann Baptist Metz am Fachbereich kath. Theologie in Münster/Westf. 1993 Mitbegründer des *Instituts für Theologie und Politik* in Münster. Veröffentlichungen und Herausgeberschaften u.a.: *Mitleid und Heimatlosigkeit*, Luzern 1998; *Der unterbrochene Frühling. Das Projekt des II. Vatikanums in der Sackgasse*, Münster 2006; *1968 und die Theologie*, Luzern/Münster 2009, gem. m. Kuno Füssel; *Was verdrängt, aber nicht ausgelöscht werden kann. Diskussion über das Schicksal der Großen Erzählung*, gem. mit Dick Boer u. Kuno Füssel, Münster 2014; *Auf den Spuren einer Kirche der Armen. Zukunft und Orte befreienden Christentums*, gem. mit Philipp Geitzhaus u. Julia Lis, Münster 2017.

Bücher zur Befreiungstheologie aus dem Institut für Theologie und Politik

Philipp Geitzhaus/Julia Lis/ Michael Ramminger (Hg.)

Auf den Spuren einer Kirche der Armen Zukunft und Orte befreienden Christentums

Wo sind die Orte heutiger Befreiungstheologie, welche Gegenwartsfragen muss sie sich stellen und was ist ihre Zukunft? Internationale BefreiungstheologInnen diskutieren kritisch darüber, wie eine Kirche der Armen heute aussehen kann angesichts von Globalisierung und Kapitalismus.

Edition-ITP-Kompass Bd. 20 Münster 2017, 250 Seiten, 14,80 €

Kuno Füssel und Ute Josten (Hg.)

„Suchet zuerst das Reich Gottes und seine Gerechtigkeit“ (Mt 5,33)

Festschrift für Pastor Günter Schmidt

In dieser Festschrift werden die „franziskanischen“ Kirchenfragen von heute diskutiert: Option für die Armen, Zeichen der Zeit, diakonische Pastoral und Gemeindeentwicklung, Leitbilder für eine Gemeinde der Zukunft und immer wieder in den verschiedensten Variationen die Einheit von Nächsten- und Gottesliebe.

Edition-ITP-Kompass Bd. 19, Münster 2016
296 Seiten, 14,80 €

Edition ITP Kompass

Bd. 12 Paul Gerhard Schoenborn: Nachfolge, Mystik, Martyrium. Studien zu Dietrich Bonhoeffer, 2012, 253 Seiten

Bd. 13 Katja Strobel: Zwischen Selbstbestimmung und Solidarität. Arbeit und Geschlechterverhältnisse aus feministisch-befreiungstheologischer Perspektive, 2012, 372 Seiten

Bd. 14 José Porfirio Miranda: Der Kommunismus der Bibel, 2014, 132 Seiten

Bd. 15 Katja Strobel (Hg.): Bruchstück-weise – erinnern, enttäuschen, weiterspinnen. Anknüpfungen an die feministische Befreiungstheologie von Christine Schaumberger, 2014, 360 Seiten

Bd. 16 Dick Boer/Kuno Füssel/Michael Ramminger (Hg.): Was verdrängt, aber nicht ausgelöscht werden kann. Diskussionen über das Schicksal der Großen Erzählung, 2014, 96 Seiten

Bd. 17 Peter Fendel/Benedikt Kern/Michael Ramminger (Hg.): „Tun wir nicht als sei alles in Ordnung“ (EG 211). Ein politisch-theologischer Kommentar zu Evangelii Gaudium, 2014, 170 Seiten

Bd. 18 Dom Aloísio Lorscheider: Lasst euer Licht leuchten! Rückblicke in die Zukunft der Kirche. Gespräche mit Kardinal Dom Aloísio Lorscheider, 2015, 184 Seiten

Bd. 19 Kuno Füssel/Ute Josten (Hg.): „Suchet zuerst das Reich Gottes und seine Gerechtigkeit“ (Mt 6,33). Festschrift für Pastor Günter Schmidt zum 80. Geburtstag, 2016, 296 Seiten

Bd. 20 Philipp Geitzhaus/Julia Lis/Michael Ramminger (Hg.): Auf den Spuren einer Kirche der Armen. Zukunft und Orte befreienden Christentums, 2017, 250 Seiten

Weitere Veröffentlichungen, auch antiquarische Bücher und solche, die nur als digitale Datei veröffentlicht sind, finden Sie auf unserer Homepage unter www.itpol.de.
Bestellungen an: buecher@itpol.de oder an: Institut für Theologie und Politik (ITP), Friedrich-Ebert-Str. 7, 48153 Münster.

Institut für Theologie und Politik

Das Institut für Theologie und Politik (ITP) ist unabhängig, aber parteilich. Befreiungstheologie ist unser Ansatzpunkt, um Gesellschaft zu begreifen, Herrschaftsverhältnisse in Frage zu stellen und solidarische Alternativen zu entwickeln. Seit 1993 ist der Träger des ITP ein als gemeinnützig und wissenschaftlich anerkannter Förderverein.

Das ITP ist ein Multiplikator befreiungstheologischer Theorie und Praxis unter aktuellen globalen gesellschaftlichen Bedingungen und Schnittstelle zwischen Kirche und Sozialen Bewegungen.

Es geht darum, neue Machtverhältnisse zu schaffen und zwar von unten her. Ein Wandel der Verhältnisse geschieht aber nicht von allein, sondern braucht Reflexion, Organisation, Beratung und Begleitung.

Wir wollen uns gemeinsam mit allen auf den Weg zu einer anderen Kirche und Gesellschaft machen, die dem Reich Gottes näher kommt, als das, was heute als alternativlos gilt.

Das ITP wird getragen von einem gemeinnützigen Förderverein. Dies bringt inhaltliche Unabhängigkeit, aber auch ökonomische Unsicherheit mit sich. Arbeit wird vor allem durch ehrenamtliches Engagement der MitarbeiterInnen geleistet. Finanziert wird das ITP vor allen Dingen durch Spenden.

Weitere Informationen unter: www.itpol.de
Institut für Theologie und Politik
Friedrich-Ebert-Str. 7
48153 Münster